OBSERVATIONS

SUR

LA CONDUITE

DES

PUISSANCES COALISÉES,

PAR LE COMTE D'ANTRAIGUES,

Député de l'ordre de la Noblesse aux États-Généraux de 1789.

Les sciences, les arts, la philosophie & les mœurs qu'elle engendre ne tarderont pas de faire de l'Europe un désert.
Elle sera peuplée de bêtes féroces : elle n'aura pas beaucoup changé d'habitants.

J. J. ROUSSEAU, *Emile*, *liv. I.*

A LONDRES.

AVANT-PROPOS.

Νόμοις ἕπεσθαι τοῖσιν ἐγχώροις καλόν.

Lorsque l'Europe, indignée des forfaits dont se souilloit la France, apper-
çut dans les principes que dévelop-
poient ses tyrans, la destruction de tous
les liens sociaux, et que, ralliés par le
danger commun, les Souverains asso-
cierent leurs moyens et leurs vengeances; alors il fut permis aux François
immolés par les tyrans de leur Patrie,
d'attendre de prompts succès et de se
livrer à toutes les illusions d'un espoir
qui sembloit ne pouvoir être déçu.

Mais à la fin d'une troisieme campagne, dont le début ne s'annonça que
par des victoires, et dont la fin n'est
mémorable que par ses désastres, il
est impossible de ne pas se pénétrer de
toutes les réflexions qu'un pareil événement doit faire naître; et comme
aucun raisonnement ne peut nous me-

ner à trouver la raison de ces succès, dans la conduite exécrable de nos enne- mis, c'est donc dans les fautes, dans l'impolitique, dans les vues funestes des défenseurs de la cause de Dieu et de la royauté, qu'il faut chercher la raison de nos malheurs. Les réflexions sur un pareil sujet ne sauroient être dénuées d'utilité.

Le ciel, en différant de donner la vic- toire à ses défenseurs, voulut sans doute par de salutaires retards, par des châ- timents temporaires épurer leurs vues, rectifier leurs projets, les instruire par l'adversité, les rendre dignes enfin de la cause qu'ils défendent, et leur faire mériter la victoire avant de la leur accorder.

Malgré d'étonnants désastres, les rois coalisés ont éprouvé plus d'humiliations que de pertes réelles. Tous les grands moyens de leur puissance leur restent; le courage anime leurs armées; la par- tie la plus nombreuse de leurs peuples seconde leurs projets de tous ses moyens:

et les François rebelles sont l'horreur de l'Europe et l'effroi des peuples.

Ainsi donc le ciel a laissé aux puissances coalisées tous les moyens qui assurent leur puissance. Nul doute que les rois, s'ils le veulent, ne relevent les autels de la divinité, et à leurs côtés n'affermissent les bases de leurs trônes; mais c'est parce qu'il est sûr qu'ils peuvent obtenir ces grands succès, s'ils le veulent, qu'il est permis et qu'il est utile d'examiner pour quoi ils ne l'ont pas voulu; et si ce n'est pas à ce défaut de volonté et de rectitude de la part de leurs ministres, qu'il faut attribuer les disgraces qu'éprouvent leurs armes.

C'est à ces recherches que sont destinées les observations qui composent cet écrit.

En ce moment, la continuité de tant d'infortunes a détruit toutes les illusions de l'espérance pour les François fideles; et le malheur de ceux qui n'ont pu se détacher de leur patrie, est de conserver encore le desir de sa parfaite restauration, lors même qu'il a fallu en perdre l'espoir.

Il est inutile pour l'âge présent, de rechercher les causes qui ont amené les infortunes de la France à ce point de détresse où elles deviennent presqu'incurables : ce sera l'occupation de l'avenir ; ce sera l'étude et la leçon de la postérité que l'histoire de nos malheurs et celle de la politique de l'Europe à cette époque.

Alors, peut-être, sera-t-il utile aux hommes d'apprendre ce qu'en ce siecle on appelloit politique, pour l'abhorrer.

Pour nous, la manifestation de tant de vérités cruelles ne serviroit qu'à aigrir nos regrets de ce résultat douloureux, que nos maux auroient pu cesser et la félicité de l'Europe renaître, si plus éclairés et plutôt sages, les Etats de l'Europe eussent apperçu les vrais principes de la rebellion Françoise tels qu'ils sont, et n'avoient pas voulu s'obstiner à ne voir, dans la ruine de l'Empire François, qu'une de ces chances ordinaires de la fortune , qui accroît la force des Empires par le malheur e la destruction de leurs rivaux.

Maintenant que le crime a plané pendant quatre ans sur la France ; que le sang de ses rois a coulé sous le fer des bourreaux ; que les temples ont été souillés par l'apostasie d'un peuple entier ; maintenant que toutes les fureurs du crime ont déchiré et dévoré, dans tous les sens et sous tous les rapports, cet Empire désolé, le cœur de ses habitans est peut-être aussi dénaturé que leur territoire ; et ce n'est plus qu'à nos descendants les plus éloignés, que nous pouvons léguer l'espérance de revoir la France alléger l'horrible souvenir de ses calamités et de ses crimes , par le spectacle consolant de la prospérité publique.

Ce n'est donc plus , comme au commencement de la rebellion , qu'un François fidele s'occupe des intérêts de sa patrie ; car alors l'espoir vivifioit son cœur. Chaque jour flétrit ses espéran ces ; maintenant il sent qu'il ne dépend plus des hommes de rétablir ce que tant de crimes, tant de cruautés, tant de forfaits ont détruit.

Maintenant il croit que le ciel a voulu laisser sur cette terre maudite, des traces ineffaçables de sa colere. Les victoires des rois peuvent bien soumettre la France à la loi ; leurs succès peuvent assurer l'avenir, mais ils ne peuvent rien sur le passé. Ils peuvent rendre la France à son roi et aux vrais François, mais ils ne peuvent plus la leur rendre qu'avilie, sanglante, épuisée, couverte de forfaits et n'ayant à éprouver que des regrets ou des remords.

Dans cette situation, les François royalistes, dégagés de l'intérêt personnel, qui dans le principe, les rendoit premieres parties dans cette grande cause, n'en sont peut-être que plus propres à juger des événements et de leurs causes.

Pour eux, tous les sacrifices sont faits

et accomplis ; l'habitude en a déja éloigné l'effroi et adouci les premieres amer-
tumes. Après tant de malheurs , après
tant de tourments endurés pour la plus
juste, pour la plus sainte des causes ;
après tant d'affronts et de duretés pro-
digués par ceux-là même , dont ils dé-
fendoient les droits sacrés ; après avoir
si long-tems éprouvé, que l'extrême
infortune ne peut même espérer l'appui de ceux pour lesquels on dût s'im-
moler; après avoir vu et éprouvé dans
un si cruel exil et au fort de leurs ad-
versités,à quel point de bassesse, d'ignorance, de cruauté, la politique moderne
et les demi-connoissances , pires mille
fois que la plus épaisse ignorance, ont
conduit les individus de tous les Etats
de l'Europe qui se targuent de savoir
et de talents , que leur reste-t-il à regret-
ter dans l'Univers? Que leur reste-t-il
à craindre? --- La mort.

Elle sera à la fois le terme et la
récompense de leurs sacrifices.Tant de
tourments enfin l'ont rendue desirable.

Ils ont péri dans tout ce qu'ils aimoient.
Cesser de vivre n'est plus rien pour
eux ; c'est mourir une fois de plus.

Placés par les forfaits de leurs tyrans,
par l'impitoyable et absurde dureté de
la plupart des Gouvernements de l'Europe (1), dans cette position effrayante,

***

(1) Ce ne fera pas la partie la moins étonnante
de l'hiftoire de l'Europe, que le récit des cruautés
incroyables exercées envers les royaliftes François. Depuis le moment de leur émigration, elles
ont été pouffées à un tel excès de fureur & de
délire, que les jacobins eux-mêmes, fe rappellant
qu'ils étoient nés François, en ont été indignés ;
& penfant avec raifon que de pareils procédés,
effuyés par les parents & les compatriotes des
François retenus dans leur coupable patrie, por-
teroient dans le cœur de tous, la fureur du ref-
fentiment & la haine des Puiffances au plus haut
degré d'énergie, ils n'ont rien négligé pour fe
procurer tous les renfeignements poffibles fur
les fupplices infligés aux émigrés ; & pour en
inonder les papiers journaux deftinés aux Provinces. (*) La maniere dont on a traité les roya-

(*) Voïez les feuilles villageoifes & le journal des
campagnes depuis 1793.

où tous les liens sociaux sont brisés , où
toujours moins affectés par des intérêts

---

liftes François eft un événement inouï dans les
faftes des fiecles. Il le feroit dans l'hiftoire des
Miffouris & des Algonquins, fi ces hordes fauva-
ges & antropophages avoient eu des hiftoriens.
Ces mangeurs d'hommes, qui au moins ne dévo-
rent que leurs ennemis, fe feroient indignés
d'étre accufés d'avoir refufé l'hofpitalité à l'infortuné , & d'avoir expofé à l'inclémence des fai-
fons & à la mifere , des femmes, des enfants,
portant au milieu d'eux le rameau d'olivier &
les fignes de la détreffe & de la paix. Ils euffent
préféré les égorger à les repouffer fans affiftance;
& en ce cas leur férocité eut donné à l'Europe
moderne, une véritable leçon de clémence.

Il n'y a qu'un égoïfme impolitique & féroce,
qui, fans s'informer fi des étres fans reproche,
martyrs des plus faints devoirs, auroient un afyle
dans l'Univers, ait pu confeiller de repouffer des
hommes de deffus la furface de la terre, de les
rendre les jouets d'une politique dont auroient
rougi des bourreaux ; enfin , de ne leur laiffer
d'afyle que dans la tombe ou fous les flots.

Il faut fe taire : je le fens; mais il faut fe rou-
ler dans la pouffiere, & rougir d'être homme &
d'être né en ce fiecle.

personnels, dont chaque événement leur a appris à se détacher, ils n'envisagent plus, dans cette lutte effroyable de l'impiété et de la scélératesse, avec la religion et les loix, que l'intérêt général de l'Europe. (1).

---

(1) C'eft vraiment une abfurdité trop révoltante, que de voir les politiques de toutes les claffes, dans tous les Etats, ceux même qui abhorrent la révolution de France, vouloir regarder les événements de la France comme une maladie locale, dont ils n'ont rien à redouter; & il n'eft pas rare d'entendre des gens très-fenfés fous tout autre rapport, prétendre que cette guerre eft une affaire de parti, de la part des Puiffances qui foutiennent une des factions de la France contre le parti dominant. En écoutant de pareils propos, on refte confondu d'étonnement & de douleur, étonné que l'on eft d'un auffi ftupide aveuglement, & défolé en en prévoyant les inévitables conféquences.

En vain, les démagogues de France crient de toutes leurs forces, que leurs principes font l'arrêt de mort des Rois, des riches, des nobles, de tous les cultes; (*) que l'Europe doit périr en

---

(*) Voici comment la Convention vient de définir ce

Je sais très-bien que les réflexions
d'un observateur isolé, quoique placé

fa forme actuelle, ou qu'ils doivent fuccomber
eux-mêmes; en vain uniflant aufli-tôt la prati-
que à la théorie, ils envoyent par milliers à la
mort, les propriétaires de toutes les claffes; en
vain ils fe faififfent de toutes les fortes de richef-

qu'étoit le Gouvernement révolutionnaire, c'eft-à-dire,
fous quel afpect on doit confidérer, d'après les nouveaux
principes de la république jacobine, les fcélérats qui,
pour établir dans leur patrie la liberté Françoife, y
emploieroient comme moiens néceffaires, le feu, le poifon, les poignards, les régicides & le brigandage.

*Déclaration des principes du gouvernement révolu-
tionnaire.*

A R T I C L E X.

*Moniteur, numéro 351, 21 fructidor ou 7 feptem-
bre, féance du 19 fructidor ou 5 feptembre pag. 1444.*

„ Quand une révolution eft faite au profit de la
„ liberté, perfonne ne peut demander compte des
„ moyens, à quiconque y a coopéré de bonne foi.

„ Tout révolutionnaire pur d'intention, a également
„ fervi le génie de la liberté & la Providence, qui
„ par fon bras frappoit la tyrannie.

„ Les foldats de la Patrie fe rappellent-ils ce qu'ils
„ ont fait de bonne-foi dans la mêlée?

par ses obligations et ses devoirs, au
point le plus favorable pour observer

---

fes , & fouillent , les mains dégoutantes de fang ,
dans les tréfors de ceux à qui d'abord ils arra-
cherent la vie ; en vain, eux-mêmes fe rient de
la ftupidité qui crut à leurs promeffes & leur pro-
cura des partifants dans les pays étrangers ; en
vain les envoyent-ils au fupplice, auffi-tôt que
leurs trahifons leur ont été utiles ; en vain en ce
moment dévorent-ils la Flandre & le Brabant,
en défendant aux victimes & les plaintes & les
pleurs & les regrets ; tout cela eft inutile ; & à
chaque pas on rencontre de fots égoïftes, de
ftupides beaux efprits, des philofophes du jour,
la pire efpece de toutes les fectes ; & vous entendez ces gens-là foupirer après une révolution
dans leur pays ; blâmer leurs souverains , louer
les rebelles ; vous entendez ces gens, d'ailleurs
modérés & fages dans le commerce ordinaire de la
vie , blâmer la guerre que les rois font à la France ;
& ne voyant dans ces malheurs qu'un danger
local, fermer les oreilles à la vérité, les yeux à
l'évidence , & ne pas être plus inftruits des principes des jacobins que de la politique du grand
Lama.

En vérité, ce prodige eft le plus miraculeux

les objets dont il traite, ont ordinaire-
ment peu d'influence sur l'esprit des
ministres qui dirigent les mouvements
politiques de l'Europe. Les uns, enfer-
més par une routine étroite dans un
cercle d'idées, dont la plus incroyable
révolution et le danger le plus immi-
nent n'ont pu les enhardir à franchir
l'enceinte; les autres, aveuglés par leurs
passions; d'autres, égarés par un orgueil
concentré, qui ne leur permet de puiser
dans l'expérience aucunes leçons, parce
que leur orgueil ne veut s'avouer aucunes fautes; tous enfin, entraînés par la
combinaison des passions les plus effré-
nées, sont aussi peu disposés à écouter
des réflexions qui les contrarient, qu'à

---

de la révolution. Tant de bêtise n'est pas naturelle à l'homme; & ceux qui ont cru que le ciel
avoit décrété l'anéantissement de l'Europe, & qui
jugeoient de la vérité de ces pronostics, par la
stupide incurie de la plupart des raisonneurs de
ce siecle, ont eu de grandes raisons de s'attacher de plus en plus à leurs opinions.

changer les idées sous lesquelles s'est d'abord présentée à leur imagination la révolution Françoise.

Une faction de rebelles , source première de tous les malheurs de l'Europe, déjouée dans son attente , parce qu'elle n'eut que l'audace de l'intrigue et le courage de la cupidité ; une faction qui sous les rois , fut l'opprobre de leur empire , sous le régime constitutionnel , l'opprobre de leur roi , et dans ses malheurs , la premiere cause de sa mort ; une faction d'hommes baffoués , méprisés de tous les partis , repoussée de partout, s'est réfugiée aux pieds des trônes , après avoir renversé celui de son roi ; elle a infecté de ses maximes , et quelquefois flétri de sa présence, les conseils des Souverains.

Ces premiers mobiles de la révolution de leur pays, ces anglomanes de 1789, devenus constitutionnels en 1791, ministériels en 1792 , et les disciples de Brissot en 1793, chassés , égorgés par ceux dont ils ne furent que les stupides manœuvres, ont encore formé le complot de détruire, et les royalistes, qui les regardent avec raison comme des rebelles, et les jacobins, qui les regardent comme de lâches déserteurs d'un parti dont ils furent les troupes légeres.

Ces gens-là, ont une politique parfaitement calculée sur la bassesse, sur la corruption, sur la lâcheté et l'égoïsme, résultats uniques qu'a produit cette philosophie, dont ils furent, les uns les coryphées et les autres les disciples.

Leur politique ne parle que de moyens conciliatoires, de nouveaux arrangemens, de constitutions mélangées, qui empreintes des attentats de tous les partis, les satisfassent tous. Ces habiles génies travaillent au milieu des bouleversemens, auxquels ils ont donné la premiere impulsion, à une constitution en marquetterie, qui ne sera ni la seule légale et antique constitution de l'Empire François, ni celle des jacobins, pas même celle des constitutionnels ; ce sera une mixtion de tout ce qui a

existé depuis cinq années ; une élabo-
ration chimique de toutes les idées philosophiques, qui doit satisfaire tout le
monde, parce que tous les factieux y
trouveront un petit intérêt, et sur-tout
l'espoir de nouveaux troubles, qu'on
dirigera mieux que ceux de 1789.

Ces gens-là depuis quatre ans, ont
obstrué tous les cabinets de l'Europe,
et comme ils fomentoient par leurs projets, des inclinations qu'on n'osoit avouer,
ils ont été écoutés, accueillis ; et le mal
qu'ils ont fait en ce genre, égale celui
que leurs premiers crimes ont causé à
leur patrie.

Mais enfin il est un maître dont les
séveres leçons ne peuvent être méconn-
nues ; c'est l'expérience. Le malheur et
la nécessité sont de rudes instituteurs ;
mais leurs châtiments anéantissent, ou
ils corrigent ; et on peut espérer qu'en
ce moment, leurs leçons ne seront pas
perdues pour l'Europe. Et si elles sont
infructueuses, la ruine des empires, le
bouleversement de l'Europe, la chûte

des

des trônes, attesteront aux siecles à venir, que l'obstination et l'aveuglement
n'ont pas changé la nature des choses ;
mais que la nature des choses a rendu
victimes de leur aveuglement, ceux que
l'expérience n'a pu corriger.

Dans cette imposante coalition, que
les devoirs les plus sacrés, réunis aux
plus grands dangers ont formé contre
les ennemis de l'univers, l'Angleterre
est presque devenue le régulateur des
opinions et de la conduite de ses alliés.

La nature de sa Constitution y pré-
sentoit plus de ressources à ce parti intrigant, qui, rebelle contre son Dieu,
son Roi et ses loix, rejette la sanglante
anarchie des jacobins, et veut y subs-
tituer les absurdes rêveries, que sa
vanité, son impuissance et ses conceptions philosophiques ont créées, sans
réfléchir que l'existence de l'anarchie
démocratique, n'est autre chose que la
conséquence de ses principes.

Les premiers mobiles de tous nos

* *

maux se sont réunis à Londres. Tous
ces ignorants manipulateurs de Constitutions, depuis celle projettée le 17 juin
1789 jusqu'à celle de 1791, se sont ralliés autour des cabinets des ministres;
et jusqu'à ce jour, ils ont quelquefois
paru y acquérir une influence mortelle
pour nous, mais qui bientôt aussi sera
mortelle, et pour les ministres qui l'auront adoptée, et pour l'empire qui les
aura accueillis. (1)

_____

(1) J'ai lu avec la plus sévere attention tous
les écrits de ces modernes législateurs des nations, pour y trouver au moins bien clairement
prouvé, le droit qu'ils avoient et qu'ils conféroient
à leurs prosélytes, de détruire l'antique Constitution de leur patrie et de lui en donner une
nouvelle; car enfin en les croyant aussi hardis
dans leurs conceptions que Licurgue; aussi sages que Solon; aussi religieux que Numa, encore faut-il pour rendre ses conceptions, les loix
de sa patrie, être investi d'une autorité qui impose l'obéissance; d'une autorité assez évidente

Croira-t-on jamais que dans l'Assemblée du Parlement d'Angleterre, c'est-

d'une part, assez reconnue de l'autre, pour empêcher les rivaux en conceptions législatives,
qui voudroient aussi que leurs systèmes devin-
sent des loix.

J'avoue que je n'ai trouvé cette mission, cette
autorité nulle part; et il m'est resté alors clairement démontré, que les jacobins, en 1793, ont eu
tout autant de droit d'établir leur démocratie,
que les constitutionnels, la Constitution de 1791;
et que les Anglomanes n'auroient pas plus de
droit à nous donner une Chambre des Pairs, en
anéantissant les trois ordres, que les jacobins n'en
ont, en maintenant leur anarchie démocratique.

Il m'est resté clairement prouvé, que jamais
guerre ne fut plus injuste que celle qu'on fait
aux jacobins, si son but n'est autre que d'établir à leur place, une autre faction, et non de
rétablir l'antique Constitution de la France.

A l'injustice de cette guerre se réuniroit son
absurdité; car son but au moins seroit de détruire les jacobins, parce que leur démocratie
menace l'existence de tous les Gouvernements;

À-dire, dans la réunion d'hommes les plus vraiment instruits, les plus exercés aux affaires qu'il y ait en Europe, on a osé, dans une guerre dont la France est l'unique objet apparent, parler des loix de la France avec la plus extrême ignorance ?

Que penser, lorsqu'on voit un membre de la Chambre des Communes, demander, le 6 mars, l'intercession du Parlement auprès du Roi, pour obtenir la liberté du plus coupable de tous les François ? Oui, je dis sans aucune exception, le plus criminel des François ; d'un être qu'on ne peut excuser,

———————————————

mais comment l'existence de tous les Gouvernements ne sera-t-elle pas menacée, s'il est prouvé par les succès, que des factieux, prenant leur mission de leur seule volonté, ont eu le droit d'anéantir les loix de leur pays, et de rendre leur système, la loi de leurs compatriotes ? L'absurdité saute aux yeux ; et alors de quel droit qu'en imputant à son ineptie, les crimes qu'on est forcé d'avouer qu'il a commis; d'un être qu'on s'efforce de défendre du régicide, en le faisant paroître le plus lâche, le plus sot des hommes. Assurément une pareille démarche a le droit de surprendre ; mais on l'est bien davantage, en voyant dans cette même séance, les membres les plus éclairés du Parlement, avancer que le parti royaliste en France, qui veut le retour des antiques loix, est abhorré de tous les François, parce qu'il ne veut que le rétablissement des abus. Et tous à-peu-près, confondant l'antique Constitution d'un empire florissant de-

---

un Roi de l'Europe, quel qu'il soit, pourroit-il blâmer chez lui une faction, qui, pénétrée de son génie, ayant la conscience de sa supériorité de talents, voudroit, armée de syllogismes et de poignards, établir aussi un système nouveau sur les ruines des antiques loix ?

* * iij

puis quatorze siecles, avec les abus qui depuis un siecle avoient détruit sa Constitution, assurer que cet empire n'avoit d'autre Constitution que les abus et les fureurs du plus brutal despotisme. Quel étrange spectacle, que de voir des hommes pleins de talents et de connoissances, manquer sur un objet si important, ou d'instruction ou de bonne foi ; flétrir sans examen une multitude de sujets fidelles, martyrs de leurs principes et de leur fidélité ; les travestir en stupides esclaves des tyrans, lorsque la fidélité des royalistes François, comme celle des Anglois pour leur Roi, est fondée sur les loix, sur la Constitution de leur pays, sur la haine du despotisme et de l'arbitraire.

Quel sera l'étonnement de la postérité, de voir un ministre habile, si prépondérant en Europe, négliger la défense de ses propres opinions, dédaigner le triomphe de son parti, ne vouloir point distinguer, dans ce qui existoit en France

en 1789, ce qui étoit de son antique Constitution, de ce qui en étoit la violation et
l'abus, et préférer de passer condam-
nation sur le principe, ne se défendre
qu'en disant, que jamais il n'avoit été
question de rétablir les antiques loix
de la France ?

Au milieu de cette Assemblée si éga-
rée dans une discussion, qui cependant lui devient chaque jour moins
étrangere, on a entendu ce défenseur
de tous les autels, de tous les trônes,
de tous les Rois, de tous les hommes
fidelles et vertueux ; cet homme qui, au
moment qu'éclata la révolution, en découvrit le principe et en prévit le
terme ; qui au milieu des débats des
factieux de toutes les sortes qui men-
dioient l'autorisation de son nom, ne
connut de vraiment dignes de son culte
que les loix et la vérité ; qui démontra
aussitôt le néant de tous ces innova-
teurs politiques ; qui découvrit, à tra-
vers l'étalage de la fausse modestie

de leurs auteurs, la férocité d'une ambition insatiable, et qui tira de la multiplicité même de ces factions qui nous
déchirent, l'éclatante preuve de l'excel-
lence de nos principes, qui font que
tout est tyrannie, crime, illégalité hors
de notre Constitution, et sans l'appui
des formes qu'elle établit.

M. Burke s'est environné dans cette
discussion, des armes d'une raison invin-
cible. Les erreurs qu'il a combattues,
ont eu jusques ici, les plus funestes conséquences. Ces erreurs, après nous avoir
amené au moment de la ruine de l'Europe, ont amené l'Europe à voir son
existence avilie et compromise, par l'is-
sue heureuse ou funeste d'une dernière
campagne.

En cet état de cause, j'ai cru utile
de publier ces observations sur la conduite des puissances coalisées; et comme
l'Angleterre, par la nature de sa Constitution, met à toutes ses déterminations
politiques, une publicité qui permet d'y

connoître l'esprit public, celui de son
ministere et les ressorts qu'il met sou-
vent en œuvre, c'est en résumant tout
ce qui a été dit dans la derniere session du Parlement, que je me suis fourni
à moi-même les bases de mes discus-
sions. D'ailleurs on ne peut se dissimu-
ler la puissante influence du cabinet
de St. James, sur tous les cabinets de
l'Europe. L'immensité de ses moyens,
l'énormité de ses dépenses, le rendent
pour ainsi dire, le régulateur de la coalition. Par tous ces motifs, c'est spé-
cialement la politique que jusqu'ici, on
a cru avoir été adoptée par l'Angleterre, et celle qu'elle doit adopter pour
le salut de l'Europe, qui ont été le sujet
de ces observations.

Mais avant de me livrer à ce travail,
je dois répondre à une objection, que
ce parti rebelle, (1) qui fut la premiere

_____

(1) Je range sous cette dénomination, les anglomanes de 1789, les impartiaux, les monar-

cause de tous nos maux, et qui cher-
che à les consommer, met sans cesse
en - avant, pour se faire écouter des
ministres des Rois coalisés.

1°. Ce parti, en Angleterre sur-
tout, s'étaye de ses correspondances
fictives ou réelles en France, pour
prouver par le résultat de ces correspondances, que les François restés en
France, et qui abhorrent les jacobins,
détestent aussi l'antique Constitution ;
ne desirent qu'une Constitution modé-
rée, qui dans les systêmes de nos premiers novateurs, n'est autre chose que
l'anéantissement des trois ordres, leur
confusion dans le Tiers-Etat et l'existence d'une Chambre des Pairs.

———————

chiens, les conftitutionnels, les girondins &
les modérantiftes. Tous ces partis n'ont qu'un
plan, celui de détruire les loix de leur patrie
pour y fubftituer leur fyftême. Ainfi c'eft avec
raifon, que je les claffe tous, fous la dénomination de factieux & de rebelles.

2º. Pour prouver, que c'est ce parti modéré que doit en effet favoriser la partie de la nation qui abhorre les jacobins, ils s'appuyent de la terreur qu'inspirent les vengeances qu'exerceront les émigrés; de l'horreur que cette attente inspire au peuple, et de l'impossibilité de rétablir un ordre de choses, où ces mêmes gens qu'il redoute, auroient une existence politique.

Quant aux correspondances, il seroit aisé de les nier et de prouver qu'elles n'existent pas; et que si elles existent, ces timides correspondants, n'osant pas même communiquer à leurs voisins, leurs idées modérantistes, que c'est leur avis individuel qu'ils exposent, et que ce ne peut être celui d'aucun parti; que ces lettres monarchiennes ressemblent aux adresses jacobines, dont on environne les jacobins. Elles partent du cabinet de ceux qui les produisent, et n'expriment pas plus les sentiments du peuple, que les adresses jacobines n'expriment le vœu de ceux que la Convention a fait égorger.

Et puis, quand elles exprimeroient le vœu d'une partie du peuple, ce vœu ne seroit autre que celui d'une partie rebelle de la nation, écrasée aujourd'hui par des rebelles plus habiles, et qui aspire à les anéantir, pour établir une autre espece d'usurpation. Quand Margarot, Palmer et ses complices, ont prétendu exprimer le vœu de l'Ecosse, qui doute qu'il n'y eut une grande quantité de mécontens, d'ambitieux, de scélérats de leur avis? Il n'a pas paru cependant que M. Pitt regardât ces Messieurs comme les organes d'une légitime autorité. Et pourquoi? Parce qu'ils faisoient parvenir leurs vœux au Roi, d'une maniere qui n'étoit pas revêtue des formes prescrites par les loix de l'Etat. Ce principe immuable et conservateur de tous les Empires peut-il changer de nature pour nous? Et le même ministre peut-il trouver de la légalité et de

la justice dans la demande des François rebelles, tandis qu'il fait punir par
un très-rude et très-juste châtiment, ces
demandes, comme illégales et hors des
formes prescrites par les loix de
l'Ecosse? (1)

Ainsi ces correspondances sont fictives.

----

(1) Il est très-consolant, & il est aussi très-
curieux, de voir que la sagesse de ce principe
immuable, qui attache l'existence des Empires à
l'observation des formes imposées par la loi, &
qui proscrit comme l'œuvre du crime, tout chan-
gement qui ne s'annonce pas sous la sanction de
ces formes sacrées, a pénétré d'une telle évidence,
tout homme qui a réfléchi un moment, qu'au
milieu des plus violents écarts, au sein des débats
qu'excite l'emportement d'une vanité offensée,
on ne peut s'empêcher encore de l'invoquer, pour
étayer des paradoxes par l'apparence d'une vérité.
Si jamais on prononça un étrange discours, c'est
celui que s'est permis M. le duc de Bedford, le
30 mai 1794. Toutes les inconséquences s'y
réunissent. On y voit l'un des plus riches pro-

Si elles ne le sont pas, elles ne peuvent nullement annoncer le vœu d'au-

---

priétaires de l'Europe, protéger les raviffeurs de
toutes les propriétés; l'un des plus grands fei-
gneurs, juftifier les plus ftupides niveleurs qui
ayent exifté; un Anglois y provoquer, y demander la paix à des brigands, qui fûrement ne la
lui accorderoient ni politiquement ni individuel-
lement. Eh bien! au milieu des affertions de cet
étrange difcours, M. le duc de Bedford fe plaint
de ce que le bill de fufpenfion de *l'habeas corpus*
a paffé dans une feule féance contre la forme
ordinaire, & il s'écrié:

„ Une autre infraction qui me refte à foumet-
„ tre à V. S. paroîtra peut-être une minutie, une
„ mifère; mais tout homme verfé dans les affai-
„ res, fait que la plus légere violation des formes,
„ peut conduire imperceptiblement aux plus
„ défaftreufes conféquences. (Séance de la cham-
„ bre des Pairs du 30 mai.)

Qu'on juge à préfent ce qu'eft l'efprit de parti.
Affurément voilà une grande vérité; mais tout le
refte du difcours prouve que M. le duc de Bedford n'eft affurément pas lui-même, un homme
fort verfé dans les affaires & dans les principes.

une partie de la nation Françoise.

Si elles sont vraies , elles sont dic-
tées par les intrigants qui les exposent ;
et fussent-elles vraies , exposassent-elles
les vœux du peuple , ce vœu n'étant
pas revêtu des formes légales prescrites par nos loix , n'est autre chose que
le vœu de la rebellion , le produit de la
faction et l'œuvre du crime.

Je sais que des gens , étrangers à
mon pays , et desireux de se donner
une existence au milieu de ces tems de
trouble , qui permettent à chacun de
s'immiscer sans mission, des affaires d'un
pays qui leur est étranger , trouvent
cette maniere de raisonner fort impolitique et souverainement imprudente ;
mais ces habiles gens nous permettront
de ne pas faire plus de cas de leur cri-
tique , que des futiles moyens de leur
politique. Il faut que la loi triomphe ou
il faut périr. Il faut que la force reste
à la loi , ou nous devons être ensevelis
sous les débris de la monarchie. Voilà

toute notre politique. Les royalistes de
tous les pays n'en eurent jamais d'autre ; et dans la défense d'une si superbe
cause, ce sera un beau titre de gloire
aux royalistes François, de n'avoir jamais voulu en avoir d'autre.

La seconde raison exposée par ces
rebelles, pour faire prévaloir leur sys-
tême, n'est pas plus solide que la premiere.

Je conviens que l'excès des offenses
de tous genres, l'excès des crimes de
toute espece, dont les factieux se sont
rendus coupables envers les royalistes,
a dû faire naître dans leurs cœurs l'excès des ressentiments, et par conséquent faire redouter l'excès des vengeances. Mais je demande à qui il appartient d'imposer silence au plus naturel
des sentiments ; à qui il appartient de
désarmer la vengeance, de comman-
der l'oubli des plus atroces outrages
et de l'exiger, si ce n'est à la loi et à
la loi seule, s'exprimant par l'organe
du

du Roi, revêtu de tout le pouvoir que donnent à l'autorité royale nos loix fondamentales?

Je dis plus ; la nécessité de réfrener ces ressentiments, ne peut être imposée que par le Roi, revêtu de toute l'autorité que lui donnent nos antiques loix, et s'exprimant suivant les formes qu'elles prescrivent. Lui seul peut rendre un crime punissable, ce qui sans ce moyen ne seroit qu'une juste représaille. La loi seule a le droit, en armant son bras, d'arracher le glaive à tous les bras et de frapper sans exception quiconque oseroit s'en saisir.

Mais pour obtenir cet effet, il faut que la loi se montre et non des usurpateurs. Or, tout ce qui n'est pas avoué par nos antiques loix, ne peut être qu'une usurpation de nos antiques loix ; et un pareil pouvoir n'ayant aucune légalité, ne peut exiger aucune déférence. Son existence seule est un forfait : de quel droit exigeroit-il l'obéissance? Dans un pareil ordre de choses, la force de

* * *

cet homme rare et unique peut-être, s'il existe, qui lui-même n'a jamais failli dans le cours de cette horrible révolution, et dont le cœur aussi pur que la conduite, n'eut jamais besoin de grace.

1 Octobre 1794

OBSERVATIONS

OBSERVATIONS

Sur la conduite des Puissances coalisées.

EN rapprochant par la pensée les diverses assertions, les divers principes, exposés dans le cours de la derniere session du Parlement d'Angleterre, il me paroît que l'on ne peut en obtenir que l'une de ces trois assurances.

Ou le Gouvernement Britannique se montre de bonne-foi du parti que l'on nomme en France constitutionnel; & ses vues ont pour objet, en favorisant ce parti, de faire prévaloir ses opinions;

Ou le Gouvernement n'a revêtu ce caractere dans ses transactions politiques, que comme un moyen qui facilite les succès de la guerre; & en ce cas, après la destruction du parti actuellement dominant, son but est de ramener à leurs anciennes

A

þoix, les François égarés & trompés;

Ou bien, méprifant comme il eſt naturel, les conſtitutionnels & tous les partis qui ſe font ſéparés des royaliſtes purs, & connoiſſant la nullité de leurs ſyſtêmes égale à celle de leurs moyens, le Gouvernement s'eſt attaché à ce parti, à raiſon de ſon impuiſſance & de ſa déraiſon; afin de ſoutenir ce qui ne peut pas exiſter, d'établir ce qui ne peut pas être établi, & cela pour ſe prêter aux vues ambitieuſes d'une politique aveugle, qui, meſurant ce pays avec les yeux d'une inſatiable ambition, & ne pouvant l'anéantir & l'envahir en ce moment, veut préparer la poſſibilité de l'envahir un jour; & pour le ſuccès de ces vues éventuelles perpétuer l'anarchie dans cet empire, y nourrir les factions, fomenter un parti qui leur a donné naiſſance à toutes, & qui étant auſſi généralement mépriſé, ne peut avoir que des partiſans, objets d'un mépris univerſel.

Dans ce ſyſtême de politique, l'anarchie interminable y ſeroit fomentée, & par l'abſurdité des ſyſtêmes, & par l'opprobre

qui environneroit les perfonnes ; & dans
ce cas, j'avoue que nul moyen ne pourroit aller plus directement à fon but que
de donner à la France la conftitution de
179ʃ.

Mais, avant de livrer cette derniere
hypothefe à la difcuffion, je dois examiner chacune des trois hypothefes, & prouver qu'elles feroient à la fois déshono-
rantes, & iroient directement contre les
intérêts de la Grande-Bretagne, l'avili-
roient & mettroient en danger fon exiftence, fa puiffance, fa prépondérance, &
qu'il ne refte peut-être qu'un moment
pour changer à la fois & d'opinion & de
conduite.

La néceffité de difcuter les opinions
auxquelles fe font ralliés les divers partis
de factieux qui déchirent la France & qui
veulent aujourd'hui la dominer, nous eft
impofée par les erreurs mêmes des miniftres, qui donnant les plus juftes motifs
de croire par leur conduite, qu'ils favori-
fent l'un de ces partis, nous force pour
les convaincre de leurs torts, de difcuter

les opinions de ce parti, & par une conféquence néceffaire, de parler de tous les
partis.

Il y a fix ans que l'empire François
étoit en paix. Il fubfiftoit avec gloire,
quoique grévé de quelques abus; comme
l'Angleterre exifte avec prépondérance
& gloire, quoique chargée du faix de
plufieurs abus; & je me hâte de le dire,
pour me préparer des raifons victorieufes
contre ces difcoureurs, ou plutôt ces jeu-
nes répétiteurs de vieux difcours, qui ont
environné notre enfance, & qui, en nous
expofant les abus du Gouvernement François, veulent nous faire croire que ces
abus formoient fa conftitution; comme fi
on vouloit perfuader à l'Europe que l'influence miniftérielle, qui fans doute a été
quelquefois en Angleterre un des plus
grands abus, eft elle-même la bafe de la
conftitution de cet Empire.

Il y a fix ans, dis-je, que le Gouvernement François fubfiftoit avec toutes les
apparences de la force; néanmoins depuis
foixante années, un fyftéme deftructeur

de toute efpece d'inftitution humaine & de toute inftitution divine circuloit dans toutes les claffes de cet Empire, comme un poifon lent, mais mortel, circule dans le corps humain, & laiffe à l'individu des apparences de fanté, en portant dans les principes même de la vie tous les germes de la mort.

Tels étoient & tels font en effet pour tous les corps politiques, la doctrine & les principes de la philofophie de ce fiecle.

Des demi-connoiffances légérement adoptées & préfentées d'une maniere également agréable & frivole, y formerent le favoir général; des demi-connoiffances produifent toujours ces deux effets réunis, un indomptable orgueil & le mépris de toute autorité, de tout dogme, de toute inftitution, qui portent fur elles le vénérable fceau de l'ufage & de l'antiquité.

Ces effets combinés avec ces moyens, ont formé l'efprit de ce fiecle, & chez les François ils fe font développés avec une force de contagion naturelle à un peuple qui adopte fes opinions comme fes modes,

& pour qui être vêtu & penser d'une manière conforme à la mode du jour, est un seul & même besoin.

Tandis que ces principes destructeurs dissolvoient dans les fanges de l'égoïsme & de la mollesse tous les liens de la société, de perfides ministres & d'ignorants ministres, fomentoient les maux qui menaçoient l'Empire ; les uns par les attaques insultantes d'un despotisme brutal, qu'eux-mêmes ont ensuite reconnu n'avoir employé que pour renverser le trône (1) ; & les autres, en voulant apporter au plus dangereux de tous les maux politiques, des remedes si foibles & si nuls, que la plus vieille routine eût dédaigné de les employer.

_____

(1) Tel fut M. de Brienne, archevêque de Sens. Cet homme infâme monta en chaire dans l'église cathédrale de Sens, au mois de mars 1790, & il y déclara, que toutes les violences de son ministere n'avoient eu d'autre but que de pousser les peuples à la révolte, afin d'opérer la révolution.

(7)

Tandis que le gouvernement fe con-
duifoit avec une fi aveugle démence, il
s'élevoit dans le fein même de l'Empire,
une claffe d'hommes féroces & furieux,
qui en conjuroient la ruine ; qui, peu
fatisfaits de couvrir de fang & de cendres
leur patrie, afpiroient dans l'affreux délire
d'une infernale imagination, à lancer les
torches & les poignards dans tous les
Etats, à renverfer toutes les claffes de la
fociété & à les rendre toutes les victimes
de la claffe la plus indigente ; à faire dominer celle-ci fur toutes les autres, & à établir un nouvel ordre de chofes exiftant
d'une maniere encore inconnue dans les
annales du monde.

Un ordre de chofes fondé fur l'unique
égoïfme ; un ordre de chofes exiftant en
maffe avec tous les moyens qui jufques
ici ont produit l'ifolement & la deftruction ; un ordre de chofes où la multitude
des crimes & des criminels fut le premier
lien d'une terrible fédération ; un ordre
de chofes où le vol de toutes les propriétés

A 4

&' leur transfusion en d'autres mains en fut le lien durable.

Un ordre de chofes qui n'eut aucun ralliement univerfel, aucun point de contact, où l'exiftence de la divinité fut abhorrée, où fes autels euffent péri avec ceux de la juftice ; un ordre de chofes enfin, où tous les principes cachés de cette philofophie occulte, qui depuis foixante ans vicie tous les Empires, fuffent tous mis en action & dominaffent les confciences, en établiffant leur trône fur une terre imbibée de fang humain & couverte de cadavres.

Cette épouvantable faction, connue aujourd'hui fous le nom de Jacobins en France, & nommée encore dans l'Europe la philofophie du fiecle, s'épouvantoit elle-même de l'atrocité de fes projets. Elle s'effrayoit de l'atrocité de fes principes ; elle fentoit que fi le moment politique étoit arrivé où elle pouvoit exercer fes fureurs en France, le moment moral étoit encore éloigné ; qu'il falloit y amener les peuples par un noviciat de forfaits, qui les accoutumât à fes principes en les leur rendant néceffaires ; qu'il falloit avec tout ce peuple imiter l'ufage de ces effroyables troupes d'affaffins, qui ne reçoivent de complices dans leur fein, qu'après avoir forcé ceux qui demandent à y être admis, à s'abreuver quelquefois du fang des victimes qu'égorgerent leurs chefs.

Il falloit donc cacher & les plans & les projets, mettre en avant & d'autres projets & d'autres hommes, qui par des démarches dont ils ignoraffent eux-mêmes les conféquences, amenaffent & la multiplicité des crimes & leur néceffité ; qui ébranlaffent toutes les bafes de l'Empire, & qui, périffant eux-mêmes fous ces décombres, laiffaffent un jour à ces monftres, & leurs moyens, & la poffibilité d'établir leur infernale doctrine.

C'eft de cette néceffité où fe trouvoient en 1789 les chefs qui regnent aujourd'hui en France, de diffimuler leurs vues, que nâquirent les gens modérés, connus fous autant de noms qu'ils adopterent de principes différents. Ces demi-coupables, qui

n'ont eu que le courage des crimes ordinaires, qui se sont arrêtés à l'aspect des
périls, parce que leur foiblesse étoit la suite
de leur égoïsme; & que si les Jacobins
ont voulu faire le mal pour le mal, & à
l'exemple des démons, faire le mal pour
le triomphe de leurs principes, les modérés, leurs premiers instruments, ont voulu
faire le mal pour leur profit personnel,
commettre le crime pour leur utilité propre, n'être enfin révolutionnaires dans
leur patrie qu'à la mesure qui convenoit
à leur ambition. Il étoit un point où ces
conjurés auroient voulu arrêter la marche
des choses, c'étoit celui où leur fortune
auroit été établie.

Le parti qui domine aujourd'hui en
France, jugea avec sagacité que ce parti
modéré, composé de petits talents & de
petites ambitions, n'avoit d'immense que
la vanité; & que ce sentiment seroit long-
tems un impénétrable bandeau qui lui voi-
leroit, & les intentions, & les moyens de
ce premier parti, qui les lançoit d'abord
dans la vaste carriere des crimes & des

révolutions, pour arrêter enfuite les chefs de ces pygmées fous le tranchant de la guillotine, & faire expirer leurs profélytes fous le poignard des fans-culottes.

C'eft donc ce parti modéré qui parut d'abord dans toutes les Provinces, pour y donner les premieres impulfions à la révolution, & qui enfuite la fit éclorre dans les Etats-généraux.

C'eft ce parti où fe rallierent tous les courtifans d'un trône ébranlé, tous les lâches qui avoient hâté fa chûte, tous les petits philofophes ignorés dans les obf- curs réduits de nos Provinces, & qui s'in- dignoient depuis long-tems, d'être les feuls dans l'Europe qui euffent la confcience de leur génie & de leurs miraculeux talents.

Cette troupe, gonflée de vanité, de demi-connoiffances, de demi-moyens, mais faturée d'égoïfme, conçut une révo- lution à fa maniere, une révolution qui fe bornât à détruire l'ancienne conftitu- tion qui les avoit vu naître dans l'obf- curité, ou qui bornoit à des faveurs reçues la carriere de leur fortune, & qui la remplaçât par un ordre de chofes , où ces éternels parleurs puffent à perpétuité dominer les ordres antiques de l'Etat, qui depuis quatorze fiecles les avoit dominés.

Tel fut le premier parti qui s'annonça en France. L'ombre épaiffe du myftere enveloppoit alors (en 1789) ce parti aujourd'hui dominant, qui faifoit mouvoir ces premieres machines.

Ce parti, qui paroiffoit le premier dans l'arene, vouloit bien commettre des forfaits, mais il en bornoit l'étendue à fon utilité perfonnelle ; & comme il parloit fans ceffe de morale & de vertus, il réfervoit fes anathêmes aux crimes qui pouvoient l'entraîner au-delà de fes prudentes mefures.

Ce fut ce parti qui, le 17 juin 1789, brifant le premier , les antiques loix de cette vénérable monarchie, leva l'étendard de la félonie, & prononça auffi bien ce jour-là la mort de Louis XVI, que l'a prononcée depuis le préfident de la Convention, le 20 janvier 1793. Le ferment du 17 juin 1789 ! Voilà le premier coup de poignard des régicides. Alors les chefs encore inconnus qui faisoient mouvoir cette faction, purent dire comme Céfar, *jaĉta eft alea*. Il falloit, ou que leur roi fut leur victime, ou que leur roi les fit périr; & avec l'ame douce & pure de ce roi martyr, l'événement ne pouvoit être ni douteux, ni difficile à prévoir.

Ce premier parti fi verbeux, fi pompeux en phrafes, fi foible en moyens, n'a jamais eu d'autres forces que celles de ce parti fi puiffant, aujourd'hui dominateur, qui alors étayoit le partage de fes orateurs de toute la force de fes puiffants moyens. Ce parti crut être le maître des Etats-Généraux & de la France, jufques aux événements du mois d'août 1789; à cette époque, la conftitution qu'il avoit élaborée avec tant de complaifance, fut rejettée avec tant de hauteur & de mépris, qu'il abandonnât le comité de conftitution dont il s'étoit emparé, mais il ne perdit toute efpérance qu'après les événements du 6 octobre 1789.

Ce fut cependant fous les coups de fes

débiles mains que périrent la royauté &
l'antique monarchie.

Mais c'eft que cette antique monarchie, rongée depuis un fiecle par les germes empoifonnés de l'impiété & de
l'égoïfme, corrodée par ces deux poifons
de la philofophie moderne, avoit vu par
l'incurie de fes rois, toutes les parties
nobles & vitales de l'Empire fe corrompre & fe gangrener; c'eft que tout ce par
quoi l'Empire avoit eu de la force dans
les fiecles paffés étoit anéanti en France;
c'eft qu'il ne reftoit plus que le fimulacre
& le fantôme de la monarchie. La gan-
grêne philofophique avoit dévoré fon
cœur & fon fein. Semblable à ces cadavres que l'on découvre quelquefois dans
des tombes ignorées, & qui préfentent à
l'œil un corps entier & dans fa confervation, mais qui difparoit & s'anéantit au
premier contact; ainfi exiftoit la France;
ainfi, au grand étonnement de fes ennemis eux-mêmes, elle s'abîma & s'anéantit
à leurs premieres attaques.

Les principes qu'affectoit ce parti, le

premier agent de la révolution, avant qu'il devint la dupe & enfuite la victime des fcélérats qui l'employerent, étoient la deftruction de la conftitution de fa patrie, & fon remplacement par une conftitution compofée des mêmes éléments qui forment la conftitution Britannique. Ces aveugles confpirateurs, fans avoir égard au tems, aux mœurs, aux circonftances, aux caractères, aux habitudes, à la pofition phyfique de leur pays, vouloïent établir, avec l'enthoufiafme d'une folle & ambitieufe imagination, ce monument d'une éternelle durée, parce qu'il fut chez les Anglois l'ouvrage du tems & de la fageffe, qu'il fut établi fans rien détruire; au contraire, en ordonnant mieux tout ce qui exiftoit, qui obtint l'affentiment de tous les ordres de l'Etat, n'enleva à perfonne une feule prérogative légale; donna le fceau de la loi à des prérogatives d'ufage, & compofa le bien de la Patrie du confentement de tous les individus.

Ces élaborateurs nouveaux, échauffés

d'une ambition fauvage & hautaine, crurent obtenir par le crime le même réfultat que la fageffe avoit mérité chez les
Anglois : tels furent leurs premiers mobiles.

Ils ont tous voulu, ces premiers élaborateurs, obtenir par la force, par la violence, la
deftruction de nos antiques loix , détruire
ceux qui vouloient les défendre, abolir les
formes qui leur fervoient de rempart ,
armer les nobles contre le roi , le clergé
contre les nobles, le roi contre ces deux
ordres , oppofer alternativement les uns
aux autres , & fortifier de leurs diffen-
tions, la populace , & par la populace ,
pouffer hors de toutes fortes de mefure
les répréfentans du peuple dans le Tiers-
Etat.

Tel fut le projet de ces modérés ,
alors les audacieux du moment , parce
qu'alors encore fe voiloient dans l'obf-
curité, ces monftres, ces affreux fcélérats ,
qui devoient profiter des crimes de ces
premiers

premiers élaborateurs & les faire difpa-
roître.

Après les événements du 14 juillet
1789, cette premiere fecte révolutionnaire devint plutôt un obftacle qu'un
moyen : ce qu'elle avoit pu faire étoit
fait ; les barrieres du trône brifées, laif-
foient le fanctuaire de la royauté accef-
fible à tous les outrages. Le peuple avoit
goûté le crime ; fon ame y étoit habituée,
& il avoit déja avec la nullité des remords,
le defir d'en commettre de nouveaux.
Le tems étoit donc arrivé, où ces premiers élaborateurs étoient plus incom-
modes qu'utiles.

En rejettant leur plan au mois d'août
1789, on détruifit leur ridicule puiffance :
ils languirent dans les débats d'une im-
puiffante ambition, jufqu'aux attentats du
6 octobre ; & comme alors le danger de-
venoit preffant, alors auffi difparurent
leur orgueil & leur énergie ; il ne leur
refta que des regrets & de l'intrigue.

Quand l'Affemblée Nationale fut conduite de Verfailles à Paris, ceux qui

B

restoient encore de ces premiers révo-
luteurs dans l'assemblée, après avoir
observé pendant quelques mois, l'état des
choses & la violence du parti jacobin,
qui déployoit ses forces, crurent que le
mécontentement leur donneroit des par-
tisans.

Placés entre les fideles royalistes & les
jacobins, ils crurent qu'ils auroient des
complices dans les déserteurs de ces deux
partis, dans ces lâches modérateurs qui
cherchent à placer un *mezzo-terminé* entre
la vérité & le mensonge, entre le crime
& l'honneur, & qui sacrifient d'abord
une partie de la conscience pour une partie de la fortune, un devoir à une sûreté,
& font entrer dans les accommodements,
comme monnoie & éléments d'échanges,
l'honneur, la religion, la fidélité & les
principes.

Ils s'annoncerent alors comme impartiaux, (en janvier 1790) ils publierent
alors leur profession de foi; ils vouloient
adopter les crimes commis, mais arrêter
les crimes à commettre; admettre les prin-

cipes des jacobins , mais en arrêter les conféquences ; & enfin entraver la marche effrayante de gens plus puiſſants & plus conféquents qu'eux.

Le profond mépris , le ridicule bavardage de ces impartiaux , leur inconféquence , devinrent leur égide ; leurs conciliabules folitaires n'inſpirerent pas même la curiofité.

Lorfque le trône fut de plus en plus menacé , & que la gravité des crimes s'accroiſſoit chaque jour , ils étayerent leur nullité de quelques fentiments de pitié prononcés en faveur du Roi. Leur grande diſſemblance avec les jacobins , étoit que ceux-ci vouloient la mort du Roi , & ceux-là fa captivité.

Sa mort amenoit l'anarchie actuelle : fon exiſtence captive étoit un moyen de revêtir de fon nom les volontés des monarchiens. En juin 1791 , ils prirent en effet ce nom là , affectant toujours de reconnoître dans la fouveraineté du peuple, la même fource des principes qu'afffichoient les jacobins ; ils affectoient auſſi une différence d'opinion entre les crimes que ceux-ci commettoient, & ceux qu'il étoit néceſſaire de réprimer. C'eſt vers la fin de 1791 que ce parti moderé s'annonça ſous ce nouveau caractere, & alors il fixa les regards du parti dominateur.

C'eſt qu'alors la foule des mécontents s'accroiſſoit d'une maniere effrayante. Tous ces oiſifs, c'eſt-à-dire, tous ces paiſibles bourgeois, qui, las de leur bonheur & de ſon uniforme continuité, avoient voulu une révolution qui détruiſit les premiers ordres, s'étoient flattés de les remplacer : ils ſe trouvoient étrangement affligés de ſe voir courbés chaque jour ſous un ſceptre de fer, qui, ſemblable à celui de la mort, niveloit tout ſans pitié, ſans exception ; ces gens-là, dans leur vaniteuſe bonhomie avoient deſiré une révolution qui laiſſât des places vacantes ; mais ils frémirent en voyant s'avancer cettee ffroyable révolution, qui anéantiſoit juſqu'au ſouvenir de ce qu'elle détruiſoit & ne faiſoit un pas de plus, que lorſque derriere elle, elle laiſſoit à peine des veſtiges de ſes deſtructions. Ces crédules bourgeois éperdus, épouvantés des dévaſtations jacobines, & effrayés auſſi des dangers auxquels ſe dévouoient les royaliſtes, ſe trouverent naturellement attirés dans l'atmoſphere monarchienne, & leur nombre cauſa un moment d'alarmes aux jacobins : ils les fixerent, les dénoncerent, les proſcrivirent, & dès-lors ils diſparurent.

Toujours porteurs des mêmes ingrédients politiques, ces monarchiens énonçoient deux ou trois principes dignes de leur foibleſſe & de leur inconſéquence.

Ils étabiſſoient, que depuis quatorze ſiecles, leur patrie n'avoit exiſté que par d'aveugles routines, & par d'aveugles principes; qu'ainſi la France n'avoit jamais eu de conſtitution.

Que le peuple ſouverain avoit le droit d'en faire une.

Et que leur conſtitution, leurs idées étoient incomparablement meilleures que celles de leurs heureux rivaux. Cette nul-

lité de principes , cette ignorance de nos
loix, étoient fans ceffe expofées fous mille
forme différentes ; les royaliftes exter-
minoient ces factieux de leurs raifons ,
& les jacobins de leurs poignards.

Sans moyens réels, fans appui , faf-
tueux en projets , & forts en paroles ,
ils ne firent que des plans mal concertés,
qui ont amené , accéléré tous les fléaux ;
car ces tentatives infructueufes ont fourni
à des fcélérats des prétextes , & il ne leur
falloit que des prétextes pour déchaîner
cette horde de bêtes féroces qu'ils tenoient
à leur difpofition , & commettre avec plus
de promptitude tous les crimes dont ils
avoient décrété la férie & l'étendue.

Jamais ce parti mitoyen ne s'eft for-
tifié d'aucun de ces grands talents qui
arrachent l'eftime à leurs plus furieux
ennemis. La raifon en eft fimple ; c'eft que
dans la carriere du crime , comme dans
celle de l'honneur, le grand caractere &
le vrai génie veulent, fidelles aux principes qu'ils ont adoptés , être d'abord
conféquents dans leurs démarches , en

avoir une fortement prononcée , & tout
facrifier à leurs principes. Il faut le dire
enfin ; quand le ciel les deftine à devenir
la gloire de leur pays , ils veulent devenir les martyrs de fes loix ou fes vengeurs ; & lorfque le ciel les fit naître pour
le châtiment de leur patrie , ils veulent,
une fois fortis du temple des loix , en
devenir les tyrans ou les victimes. Pour
des gens de cette trempe , ce feroit le
fupplice de l'opprobre , le feul qui faffe
frémir leur ame , que d'adopter ces demi-
moyens , ces inconféquences d'opinions ,
ces abfurdités de conduite qui condui-
fent à l'oubli par le mépris , & qui , ima-
ginées par des lâches , ne fatisfont que des
hommes timides & déja avilis.

Lorfque la premiere affemblée termina
le cours de fes crimes , cette faction monarchienne languiffoit dans le mépris de
toutes les factions. Elle étoit pour ces
purs royaliftes & pour ces hardis fcélérats,
connus fous le nom de *jacobins*, ce que
font dans ces cités populeufes , ces égoûts

toujours ouverts pour y devenir le récep-
tacle des immondices.

C'eft là où s'abriterent ces royaliftes
effrayés 'des malheurs du trône, & ces
jacobins épouvantés de l'audace des
attentats commis & prémédités.

Tous les partis furvécurent à cette
affemblée coupable qui les avoit fait
naître.

Les royaliftes chercherent ou la victoire ou la mort : les jacobins réfolurent
la ruine du fantôme de royauté laiffé à
la France.

Et les monarchiens compilerent des
plans, où., fuivant leur ufage, les royaliftes étoient anéantis avec les loix de
leur pays, où les jacobins périffoient
fous leurs coups, pour faire place à la
Conftitution élaborée dans les obfcurs
réduits de ces philofophes politiques.

Ce fut en 1791, qu'après deux années
révolues de crimes, d'affaffinats, de vols,
de forfaits de tout genre, la premiere
affemblée convoquée en Etats - Généraux,
devenue affemblée nationale par le fait

de la plus insigne révolte, termina le cours de ses forfaits.

Ce seroit s'abuser d'une maniere bien absurde, que de ne pas fixer perpétuellement ses regards sur cette assemblée criminelle, source premiere de tous les maux de l'Empire ; source premiere de la ruine de la France ; source premiere de tous les crimes qui restent à commettre. Les événements postérieurs à son existence, ne sont que les conséquences nécessaires des principes qu'elle développa, & des absurdes loix qu'elle établit.

Egalement pressée par la terreur d'une guerre que l'Europe se préparoit à déclarer à la France, pressée par le discrédit où ses divisions intérieures alloient la plonger, la premiere assemblée se hâta d'appeller des successeurs. Elle leur laissa en dépôt l'énorme recueil d'absurdités, d'impiéter, d'incohérences, qu'elle décora du nom de Constitution. Tous les partis qui l'avoient créée, ou qui avoient voulu en empêcher la naissance, étoient également assurés de l'impossibilité qu'elle

furvécut à fes créateurs. Les jacobins
voioient dans fon incohérence, l'anarchie
de tous les pouvoirs ; & dans ce chaos, la
naiffance de leur toute - puiffance & l'a-
néantiffement de la royauté.

Les monarchiens, toujours environnés
de petits moyens, de petits tempéraments,
efpéroient de l'impoffibilité que la Conftitution exiftât, un amendement à cette
Conftitution ; & de cet amendement, l'é-
tabliffement d'une Conftitution qui fit, les
uns pairs de France, les autres miniftres,
les autres généraux ; & laiffant le roi environné, dans fa faftueufe captivité, d'autant de maires du palais que le monarchianifme reconnoiffoit de chefs & de
projetteurs.

Les royaliftes purs, voioient dans cet
affemblage bifarre & inexécutable, décoré
du nom de Conftitution, une anarchie
dévorante, & dans le malheur qui en
feroit la fuite, la correction de ce peuple
égaré, & le retour aux principes qui, pendant quatorze fiecles avoient mis ce
peuple au niveau des premieres nations
de l'univers.

Tel étoit l'état des chofes, lorfque la feconde affemblée parut, & s'annonça enflammée d'un zele nouveau, pour faire oublier par des crimes inconnus, ceux de ces rebelles qui lui avoient donné l'exiftence.

Le parti jacobin, ce parti anarchifte, qui regne aujourd'hui en France, avoit puiffamment influé dans le choix des députés ; auffi, dès que cette affemblée put énoncer un vœu, ce vœu fut la deftruction de ces titres d'honneur, encore laiffés à la royauté captive. Contrariée dans fes vues, elle n'a ceffé de marcher par tous les moyens au fuccès des projets des jacobins.

Alors cependant fe forma une étrange réunion, une coalition exécrable autant que honteufe, entre des conjurés épouvantés, long-tems ennemis, ralliés alors par la peur, affociés par l'intrigue & l'ambition, tous tremblants devant ce fceptre d'airain que déployoit le parti républicain.

Alors, dis-je, fe réunirent les monarchiens à ce parti de la premiere affemblée , qui avoit créé la Conftitution , & qui , peu avant la fin de cette même affemblée s'é- toit enfui du club des jacobins, pour éle- ver une autre banniere , former un autre parti fous le nom de *feuillants*. (a)

Alors les plus méprifables des hommes crurent devenir importants par leur nom- bre ; alors on vit ce la Fayette , cet émule ridicule de Wafington, cet homme fi nul & à la fois fi vil, que la juftice, en le con- damnant , doit peut-être fe rappeller ; qu'inftrument du crime , & dupe de ceux qui l'employoient , ce fot conjuré n'a peut- être jamais eu la confcience parfaite des forfaits qu'il a commis ; & ce lâche Bailli , qui par un phénomene rare, quitta le tem- ple des lettres où il occupoit une belle place, pour devenir le dernier des valets d'une troupe de confpirateurs, qui lui ont fait paier de fa tête & fon ambition & fa nullité ; alors , dis-je , on vit ces deux chefs fe réunir avec ceux qui avoient voulu, &

_____

(a) Après l'arreftation du Roi à Varennes.

demandé leurs têtes fur la fin de la premiere affemblée. Les Lameth , & ce tigre
à forme humaine, cet exécrable Barnave ,
fe rallierent au parti de la Fayette, & avec
eux la foule de ces lâches qui avoient
voulu détruire l'antique Conftitution , &
y en fubftituer une, où ils fuffent tout
& le Roi rien ; où le peuple efpéra tout , &
n'obtint rien ; où tous les crimes euffent
été impunis, mais où ils devoient ma-
giquement s'arrêter ou devenir des crimes puniffables , parce qu'ils attaquoient
la Conftitution de ces nouveaux législateurs.

Alors ce parti fe faififfant de toutes les
places du pouvoir exécutif, qu'ils avoient
tant outragé, voulut opérer deux chofes.
1°. Amener la néceffité d'une révifion
de la Conftitution de 1791 ; & c'étoit là, le
nœud de la réunion des feuillants avec
les monarchiens , qui ne perdoient jamais
de vue la création d'une chambre des
Pairs.

Et 2°. empêcher que perfonne ne put
fauver le Roi , qu'eux feuls & par leurs
uniques moyens.

Les jacobins eurent bientôt pénétré la marche mal concertée de ces misérables ambitieux.

Ils les voioient d'une part, écrafés par les royaliftes, qui, forts des armes d'une raifon irréfiftible, leur oppofoient fous mille formes ce raifonnement irréfutable.

" Si vous pouvez changer par la force „ les antiques loix, pourquoi les jacobins „ feroient-ils condamnables ? Ils agif- „ fent en vertu du même principe, & ils „ font les plus forts. Si la juftice eft pour „ vous, montrez-nous votre miffion. „

D'autre part, ils les voioient s'engager fans moyens, dans des labyrinthes fans iffue; & auffi-tôt ils fondèrent fur ces informes effais d'une conjuration toujours déjouée, les moyens les plus fûrs de hâter la perte de la monarchie & la mort du Roi, qui, trompé par ces misérables, fembloit fe livrer à leurs impulfions.

Les maux qu'ont produit ces partis réunis, fous le nom de *monarchiens, feuil-lants, conftitutionnels*, font hors de la portée de l'imagination.

Si on remonte à l'époque de 1789, on
les trouve les premiers mobiles du malheur
de leur patrie ; les premiers moteurs de
la rebellion ; les premiers fauteurs de ces
ferments régicides, qui leur faifoient une
néceffité d'égorger leur roi, ou d'en être
exterminés ; & par conféquent la poftérité,
d'accord avec la juftice, verra toujours
en eux les premiers régicides de la France.
Oui, j'en prends le ciel & tous les hommes à témoins ; qu'ils prononcent dans
leur confcience, fi l'affemblée, qui le 17
juin 1789, prononça le ferment de créer
une Conftitution nouvelle, & de ne jamais fe féparer fans l'avoir achevée,
quelle que fut la volonté du Roi ; qu'on
me dife fi ceux qui ont prononcé ce ferment, n'ont pas les premiers brifé la
prérogative du trône, lancé l'étendard
de la révolte, & plongé le premier poignard des régicides dans le fein de leur
roi infortuné.

La nuée de crimes, qui depuis a en-
veloppé l'athmofphere de la France, a fait
perdre de vue, ce point d'où l'on eft parti ;

mais la poftérité ne s'y trompera pas; &
l'hiftoire, en fixant par fes jugements l'é-
poque où le crime couvrit la France,
préviendra à cet égard l'opinion de
l'avenir.

On a perdu de vue ce premier forfait
générateur de tous les autres. Les contemporains écrafés aujourd'hui fous le
fléau de tous les crimes réunis, reffem-
blent à ces caravanes d'Afrique, étouffées
par l'homicide Simoon. Ceux qui les com-
pofent n'apperçoivent pas ce point noir
qui, à peine atteignant l'horizon, n'é-
chappe jamais au conducteur éclairé de
ces caravanes, parce que fon apparition
fut toujours le précurfeur de ce vent deftructeur, qui par-tout porte la terreur
& la mort. Les victimes ne voient que
fes ravages : l'obfervateur en apperçoit
le principe dès fa naiffance.

Caufes premieres de tous les maux &
de tous les crimes de leur patrie, ce font
encore ces intrigants, réunis par leur feule
vanité & l'ambition, qui en ont prolongé
la cruelle durée.

Ce

Ce font eux qui , par de meurtrieres len-
teurs, ont paralyfé fi long-tems l'Europe
entiere, & ont enfin laiffé arriver le mal,
au point, qu'entre la guérifon ou la mort,
il ne refte plus qu'un point à franchir.

La tombe eft un dernier afyle , & lorfque le malheur y conduit deux infortunés
accablés de tourments, mais exempts de
remords, n'ayant d'autres torts à expier
que trop de foibleffe née de trop de
bonté, il n'appartient pas à leurs contemporains de porter la lumiere dans ce lieu
que la mort environne, & que le malheur
rend facré ; c'eft à la poftérité que ce droit
eft réfervé. Le refpect & la douleur m'im-
pofent filence , mais l'Etre éternel qui
reçut dans fon fein ces deux victimes de
la religion & de la royauté, l'Etre éternel
croira fans doute utile , qu'un jour il foit
connu combien de détours, de fauffetés, de
calomnies , de baffeffes, de crimes enfin,
cette faction qui environna le trône , après
en avoir détruit l'enceinte , qui environna
le roi, après l'avoir chargé de fers ; combien de crimes elle a commis pour opérer

C

cet étrange événement, qui a préfenté à l'Europe un roi enchaîné, ne voulant brifer fes fers que par l'affiftance des êtres exécrables qui les lui avoient impofés.

Je m'arrête.... je fens que les forces me manquent pour ofer en dire davantage.

Les maux que ce parti intrigant & lâche a caufés à l'Europe, font incalculables: en voici la raifon. Il eft des fléaux contemporains avec les vices de leur fiecle. Il femble que la main de Dieu, en les faifant naître l'un à côté de l'autre, place la conféquence auprès du principe, afin que le châtiment exiftant auffi-tôt que la faute, le repentir ramene promptement à la récipifcence.

Depuis que la nouvelle philofophie infecte de fes poifons la claffe lettrée de la fociété, fes principes deftructeurs ont circulé dans tous les états. Ce que les uns ont fait d'après les nouveaux principes, les autres l'ont fait par imitation; & de cette maniere le mal eft devenu univerfel. Or, le poifon philofophique agit fur le moral des hommes , comme la putréfaction fur le corps humain. Son moyen actif eft de corrompre pour dif-foudre , & fon complément eft dans la diffolution de tous les fentiments, comme le complément de la putréfaction eft dans la diffolution de tous les principes de l'exiftence phyfique.

Cette pefte honteufe, cet infâme poifon, a atteint les avenues des trônes. Des hom-mes élevés avec ce fiecle , font parvenus aux grandes places avec tous les maux de la nouvelle philofophie.

Delà , la foibleffe unanime de plufieurs cabinets ; delà , l'égoïfme abforde de plufieurs miniftres ; delà, l'aviliffement compté pour rien , l'intérêt de l'individu compté pour tout ; delà , l'horreur des grandes mefures , & par conféquent des grands dangers à courir.

Delà, l'amour de tous les moyens de médiation, quelqu'opprobre qui dût en réfulter , pourvu qu'on puiffe efpérer un an , fix mois, un mois d'apathie de plus.

C 2

J'ai vu, j'ai examiné un de fes projets de médiation , il n'y a pas fix femaines. Voudra - t - on jamais croire quelles en étoient les bafes, que l'on defiroit pourtant propofer aux puiffances, que l'on vouloit au moins préfenter à quelques - unes des plus prépondérantes ?

On propofoit de reconnoître le Roi Louis XVII, en prifon , entre les mains des régicides, & mineur.

Malgré ces deux circonftances , on propofoit de ne pas reconnoître la régence fur la tête du plus. proche héritier du trône ; on propofoit de ne pas reconnoître Monfieur , oncle du Roi , pour régent de France , & de fe taire fur cet objet , ainfi que fur la religion , le clergé & la. nobleffe. Cela , difoit - on ,

« Afin de pouvoir traiter avec le parti,
» qui reconnoîtroit Louis XVII dans
» l'intérieur, & qui feroit maître de fa
» perfonne. »

On laiffoit dans cette hypothefe , s'écouler le tems de la minorité du Roi, fous l'autorité de la faction qui s'en feroit

emparé, & l'auroit reconnu. Et à fa ma-
jorité, on faifoit proclamer un édit qui
approuvoit tel ou tel ordre qu'on auroit
établi. Alors cette autorité royale, généralement reconnue, faifoit triompher le
parti qu'elle adoptoit, & les royaliftes
d'aujourd'hui devenoient les rebelles à
cette époque.

Ce n'eft pas, que des rebelles, des
hommes aveuglés par le crime & les ter-
reurs du crime aient imaginé ce plan,
qui m'étonne ; c'eft que quelques perfonnes aient pu croire qu'il donneroit, je ne
dis pas une paix, mais une treve de quelques femaines ; qu'on aie pu croire qu'il
fut poffible de former un parti dans l'intérieur, en exterminant les royaliftes, en
détruifant leurs loix, ufurpant l'autorité
royale, la dégradant, & s'en fervant pour
confommer les plus horribles forfaits.

Le Roi ne peut enfreindre les loix fondamentales : il regne par elles, pour elles,
avec elles ; la régence n'eft pas plus dif-
ponible que la royauté. Ce n'eft pas la
reconnoiffance des puiffances qui établit

le droit à la couronne ou à la régence, il l'eſt ſans elles; & quand elles ſeroient toutes réunies pour faire régher un autre Roi que Louis XVII, & lui donner un autre Régent que Monſieur, elles ne pourroient, avec les plus grands ſuccès, faire autre choſe que d'établir en France le regne des uſurpateurs, auxquels tout François devroit ſa haine, ſon mépris, & auxquels les loix ne devroient que leurs vengeance & non leur appui.

Quant au ſacrifice du Clergé & des Royaliſtes, je laiſſe à celui que le ciel deſtine à écrire les forfaits de ce ſiecle, à donner un nom à celui là. Il en donnera un autre à la ſtupide impolitique, qui offriroit à l'Europe un pareil ſort réſervé à la fidélité due aux Rois.

Pour moi, je n'oſerois me plaindre : l'univers en l'état actuel eſt peu regrettable; & je trouve une gloire ſi parfaite à devenir enfin les martyrs d'une ſi belle cauſe, après en avoir été ſi long-tems les défenſeurs, que je me ſens très-diſpoſé à ſubir mon ſort ſans regret, comme ſans murmure.

Tels étoient les vices dominants de ce fiecle.

A leurs côtés nâquit le fléau du parti conftitutionnel, monarchien, feuillantin, girondin, pour en mettre en activité toutes les conféquences.

Ce parti eut des fuccès en raifon de fa lâcheté; il eut des fuccès, parce qu'il ne propofoit que des accords avec le crime, & qu'il abhorroit les moyens violents qui le puniffent; il eut des fuccès, parce qu'il promettoit d'accorder tout le monde avec des mots, & que l'égoïfme faifoit que tout le monde vouloit pactifer avec le crime pour affurer fon apathie.

De ces principes philofophiques & de ces fléaux, font nés & la lenteur des mefures & leur infuffifance; & ce n'eft que lorfque la trompette de l'anarchie a fonné l'heure de la mort pour tous les empires, qu'ils font tous fortis de leur philofophique indolence. Ils en font fortis, portant toujours le germe des maux philofophiques de ce fiecle, la fureur de tranfiger avec les forfaits pour affurer

C 4

leur repos ; comme fi pour le crime , il y
avoit d'autre tranfaction que fon anéantiffement , & le pardon général accordé
au repentir.

Enfin parut , à cette même époque , ce
monftre politique , qui , femblable à Poli-
phème, devoit dévorer tout ce qui exiftoit
autour de lui. La Convention exifta ; &
dans cette Affemblée exécrable , le parti
monarchien éleva encore fa faction , mais
fous d'autres dénominations.

On vit dans cette Affemblée tous ceux
qui dans le crime portoient tous les vices
de la lâcheté , fe réunir pour vouloir, ainfi
que leurs modeles les monarchiens, la
deftruction des loix antiques , de la religion , de la royauté ; vouloir l'opérer par
la force feule , le meurtre & le vol ; mais
vouloir arrêter ce torrent dévaftateur au
point où il leur étoit commode de le fixer,
& faire d'une révolution, un domaine individuel , dont ils exploitaffent les chances
& retiraffent les profits.

Les Conftitutionnels de la feconde lé-
gislature fe réunirent à ce parti. Dumou-

riez devint leur premier agent : ce parti se flatta encore de triompher. La hâche de la mort a abattu ces têtes coupables. Enfants du crime, ils ont péri de la main du crime.

C'eft à tous ces différents débris de factions déjouées, que s'attache aujourd'hui tout ce parti connu fous le nom des modérés. Ils reprennent leurs premieres idées en ce moment même, & voici leur marche.

Dans l'intérieur, ils follicitent les peuples de s'attacher à la Conftitution de 1791.

A l'extérieur, ils engagent les cabinets à adopter cette marche, & à fonder tous les traités fur l'exiftence de ce monftre éphémere de 1791.

Aux cabinets attachés aux vrais principes, ils expofent,

Que pour arriver au regne des loix & au rétabliffement de l'ancienne & feule légale Conftitution, il faut faire paffer les peuples par les filieres du monarchianifme.

Aux cabinets dont l'ambition dénature les principes, ils font voir que la France, avec cette Conſtitution de 1791 , ſera dans une éternelle foibleſſe , & en cela ils diſent la vérité.

. Et maintenant que j'ai prouvé que, ſi le Gouvernement Britannique ſoutenoit de bonne foi le parti monarchien en France, il s'allieroit avec les plus lâches , les plus abſurdes, les plus impuiſſants des hommes ; qu'il s'allieroit avec la cauſe de tous les malheurs de l'Europe , & qu'il feroit auſſi immoral qu'il feroit inſenſé de proſcrire les conſéquences en adoptant le principe.

Je vais prouver , que ſi le Gouverne-ment Britannique ne veut paroître conſ-titutionnel , que pour parvenir à rétablir les véritables loix , il a pris le plus faux , le plus vicieux , le plus déshonorant de tous les partis.

Et que , s'il adopte le monarchianiſme pour affoiblir à jamais la France , il adopte le plus odieux des partis, & j'ajoute le plus coupable & le plus contraire à ſes intérêts.

Reprenant donc la premiere de ces deux hypotheſes, je dis :

Qu'il étoit fans doute réfervé à ce fiecle
de lumieres de découvrir cette politique
inconnue depuis cinq mille ans, & d'établir ce nouvel axiome ; que pour ramener
un peuple fouillé de forfaits à l'obferva-
tion des loix, il falloit préalablement lui
laiffer commettre des crimes, moins ef-
frayants que fes derniers forfaits ; lui laiffer dans fon intégrité le principe qui
l'entraîna dans le crime, mais en dimi-
nuer les conféquences, afin que fans re-
noncer d'abord à des forfaits, qui fans
doute lui font d'une douce habitude, il
s'en dégoûtât infenfiblement & revint aux
loix & à la vertu, fans s'en appercevoir ;
enfin qui établit, que s'il eft un chemin
graduel pour amener du premier crime
au plus exécrable forfait ; de même pour
un peuple fouillé de forfaits, il eft une
dégradation de crimes qu'il faut lui faire
lentement parcourir, pour qu'il revienne
enfin à la raifon.

Certes, voilà une morale bien digne du
fiecle où elle eft née, bien digne de cette
philofophie abjecte & abfurde, qui, pla-

çant au même niveau le vice & la vertu , regardant l'un & l'autre comme des illufions fociales , n'a pas cru que l'un & l'autre fuffent autre chofe qu'une habitude , dont on ne pouvoit fe déprendre que par degrés.

Mais la confcience de l'univers & le témoignage des fiecles écoulés, démentent cette exécrable doctrine. Le ciel voulut imprimer au crime , pour en éloigner les hommes , cette horreur innée que l'habitude du crime peut feule anéantir, & qui femble fervir d'inftinct à l'humanité pour la garantir des forfaits.

Mais la bienfaifance célefte eût avili fon ouvrage , fi elle eût infpiré pour la vertu, pour la raifon & la vérité, le même éloignement que l'on éprouve pour le crime. Non , non , la fainte image de la vérité conferve encore tous fes charmes dans le cœur du fcélérat , & c'eft-là fon premier fupplice. Il fait qu'il n'eft point de pacte avec la vérité & avec les devoirs qu'impofe la vertu. Il n'eft point de coupable qui n'ait cette confcience au fond

de fon cœur. C'eft le dernier fceau inef-
façable que laiffe le ciel à ceux même
qu'il abandonne; & lorfque le repentir, le
remords ramenent à la récipifcence, le
coupable ne revient pas à la foumiffion
aux loix par de tiédes repentirs, par des
regrets calculés; il n'y revient pas à pas
lents, il s'y précipite. Et c'eft ainfi que
les peuples mûs feulement par des fentiments naturels à tous les hommes, fe font
conftamment conduits.

Ce font les philofophes, ce font les
petits ambitieux, ce font les hommes
médiocres, qui calculent & mettent un
prix à la repentance; le peuple n'y en met
pas. Et ces êtres avilis qui demandent la
deftruction de l'anarchie républicaine,
mais la reftauration de l'anarchie monar-
chique, ne font autre chofe que ces intrigants de tous les partis, ces égoïftes,
ces philofophes, ces ambitieux de toutes
les formes, qui demandent encore une
révolution qui les éleve; un ordre de
chofes qui les arrache à leur propre mépris, & qui force de les confidérer non

pour eux-mêmes, mais par force, par un abus de tous droits & de toute autorité.

Or, seconder les intentions de ces gens-là, n'est pas le moyen de rétablir l'empire des loix, & c'en est un sûr d'avilir les puissances coalisées & de les rendre complices d'une rebellion, qu'il est de leur plus pressant intérêt d'étouffer.

Après avoir prouvé que ce moyen de ramener les peuples de l'excès du crime à l'amour des loix, par des crimes moindres que ceux dont ils se souillerent, est un moyen monstrueux qui répugne au naturel des hommes, & ne sert que de voile aux passions les plus viles des plus vils ambitieux ; il me reste à prouver que lors-même qu'il seroit vrai que ce moyen fut praticable en quelques circonstances, il seroit absolument contraire en celle-ci, au but que l'on doit se proposer & que se propose le Gouvernement, d'après ses déclarations au Parlement, dès le commencement de la guerre.

Je sais bien qu'alors même, la déclara-

tion formelle des miniſtres, que l'intention du Gouvernement Anglois, n'étoit
pas, & ne feroit jamais de ſe mêler du
Gouvernement intérieur de la France,
pouvoit cacher pluſieurs intentions ſuſ-
peĉtes; mais en prenant cette déclaration
dans le ſens que le miniſtre deſiroit qu'on
la reçut, lorſqu'il l'a faite, je lui demande
ce qu'il pouvoit entendre lui-même par
cette déclaration.

Vouloit il dire : nous ne nous mêlerons
point de l'intérieur de la France, parce
que c'eſt au roi & à la nation, en uſant
des moyens légaux établis par les loix
fondamentales de l'Etat, à modifier le
Gouvernement de la France ?

Ou bien entendroit - il, en conſervant
le principe établi par les faĉtieux, que le
peuple eſt ſouverain, que les rebellions
font des aĉtes de juſtice, que la deſtruction des loix eſt bien opérée par le crime
qui les attaque & les détruit, que les régicides ont bien duement détruit la monarchie, parce qu'ils ont bien phyſiquement
aſſaſſiné le roi ?

Si la premiere fuppofition eft celle des
miniftres , alors je leur dis que la Conftitution Françaife eft connue, que l'autorité du roi modifiée fuivant certaines formes , que l'exiftence des Etats-Généraux
convoqués par le roi , fuivant des formes
qu'il ne peut altérer, le font auffi , & que
rien n'eft plus éloigné de cette Conftitution que celle de 1791 , qui l'a détruite
par les moyens les plus atroces & par
l'œuvre de ces impofteurs Monarchiens ,
Feuillants , Briffotins & aujourd'hui Modérés , qui veulent détruire les républicains , pour établir leur illégitime empire.

Si la feconde fuppofition étoit celle des
miniftres , je leur demande de quel droit
ils oferoient tromper la religion du Parlement , en lui difant que le Gouvernement ne veut pas fe mêler du régime
intérieur de la France.

Je leur demande fi ce n'eft pas s'en
mêler, que de foutenir une faction contre
une autre faction ; fi ce n'eft pas s'en mêler, que de réprouver les républicains qui
régnent aujourd'hui , pour foutenir leurs
lâches

lâches rivaux les Conftitutionnels·monar-
chiens ; fi le peuple eft fouverain & qu'il
ait voulu en 1791, de la Conftitution oli-
garchique qu'il établit alors, il a pu en
1793, vouloir & établir, en vertu de ce
même principe, la Conftitution anarchi-
que qui le gouverne en ce moment.

De quel droit, reconnoiffant le principe, & ne fe mêlant pas du régime intérieur de la France, pourroit-on dicter à
ce peuple fouverain la volonté de préférer
l'oligarchie de 1791 à l'anarchie de 1793 ?
C'eft inconcevable.

Ce qui eft le plus honnête eft auffi le
plus aifé & le plus fûr : ainfi l'ordonna
l'éternelle juftice.Pour fortir des inextrica-
bles embarras de la plus tortueufe politique, il n'eft qu'un moyen ; c'eft de déclarer que les Anglois n'entendent pas
fe mêler du régime intérieur de la France,
en ce fens, qu'il ne leur appartient pas de
fixer une forme de gouvernement à la
France, mais qu'il importe au fyftême
politique de l'Europe, à la fûreté de toutes les nations, que les principes qui ont

D

égaré les François foient anéantis & leurs conféquences détruites; qu'il lui importe de rétablir par le fait, la morale des nations & la police de l'Europe; qu'il importe à l'Angleterre comme à toute la coalition de rétablir en France, non pas un gouvernement, mais la loi véritable qui y avoit créé un Gouvernement; que lorfque ce qui n'a pu être détruit, fera rétabli, & l'œuvre de la rebellion anéanti, alors cette nation, fuivant fes formes légales eft indépendante de toute autre puiffance que de celle de fes loix, & qu'elle agira d'après leurs formes ainfi qu'il lui paroîtra bon; & cela, parce qu'il importe à l'Europe que les principes qui y maintiennent les Gouvernements triomphent du crime des factieux, & que c'eft en ce fens, que tous les peuples, tous les Rois ont le droit de fe mêler à préfent des affaires de la France, pour que la force y refte à la juftice, & afin de fe garantir euxmêmes que la juftice ne foit facrifiée à la force & foumife au crime.

C'eft en ce fens que la juftice oblige

les miniftres & les Rois, de nous déclarer
qu'ils ne fe mêleront pas des affaires de
la France, c'eft-à-dire qu'ils ne prendront
parti pour aucune des factions qui la déchirent, mais qu'ils refteront attachés aux
loix de la raifon & de la juftice ; & d'a-
près ces loix, il n'eft pas d'autre Gouvernement légitime en France que fon
ancienne Conftitution.

Mais, me dira-t-on, on veut en venir
à votre principe, mais la politique com-
mande une autre marche ; il faut foumettre ce pays, n'importe par quels moyens ;
une fois foumis, on y remettra le régime
légal.

Je leur répondrai : cette politique eft
déteftable. Elle eft vicieufe dans le principe & plus vicieufe encore dans les
moyens.

Si les anglomanes, les monarchiens,
les feuillants, les impartiaux, les briffotins, les modérés tenoient tous à une
feule & même opinion, je vous enten-
drois fans vous approuver, mais au moins
je faurois ce que vous voulez me dire ;

D 2

mais toutes ces fortes d'intrigants que je viens de vous nommer, ne font une maffe que parce qu'exterminés fous la guillotine jacobine, ils fe réuniffent tous pour éloigner d'abord de lenr tête cette horrible machine ; mais la peur de la mort une fois détruite avec le jacobinifme, cé parti reftera divifé en autant d'opinions qu'il a de noms différents ; & parmi ceux qui fe rallient à ces noms, il y a autant de diffentiment qu'il y a d'individus.

Cet effet eft la fuite néceffaire d'un principe ; c'eft que nul n'a le droit de changer les loix de fon pays que par les formes légales qu'ont établies les loix fondamentales.

C'eft que ces formes font la citadelle de la Conftitution & la fûreté des empires. Ce font elles qui deviennent le fanctuaire de l'œuvre de l'antiquité.

L'œuvre de l'antiquité, c'eft-à-dire le réfultat de la fageffe des fiecles eft la propriété de toute la nation ; il n'eft la propriété d'aucun individu. Alors fe taifent les amours-propres particuliers de-

vant ce majeſtueux édifice d'une Conſtitution que cimenta la main des tems, &
que couronna l'expérience des ſiecles.
Ses fondateurs deſcendus dans la tombe
n'ont laiſſé d'autres ſouvenirs que leur
gloire. Cette gloire n'eſt pas contempo-
raine des ambitions individuelles. Tous
ayant droit à l'orgueil qu'inſpirent les antiques loix, nul n'a le droit de s'en faire
un moyen de fortune, & tous doivent y
obéir.

C'eſt ce ſeul principe qui, en ce ſiecle, la lie des ſiecles ſous tous les rapports,
peut nous garantir de ces novateurs inſo-
lents qui prennent l'impudence pour le
génie. Leur médiocre ſavoir ſe fait un
mérite facile de tout détruire ſans avoir
jamais ſu rien créer ; peu d'acquit, peu
d'eſprit conduiſent aux doutes ſur les premieres vérités & au mépris de l'antiquité ;
beaucoup de ſavoir & un vaſte génie,
ramenent à la rectitude des principes &
au reſpect des anciennes loix.

Si donc une foule de charlatans politiques veulent donner une Conſtitution

à la France, ce fléau ridicule eſt né du
mépris de l'antiquité; mais la tour de
Babel ſe réaliſe ſous nos yeux. Ces phi-
loſophes d'accord pour détruire, ne par-
lent plus la même langue pour créer.
Chacun veut faire prévaloir ſon ſyſtême,
& aucun ne peut concevoir ce qui eſten effet
inconcevable: par quel prodige tel ou
tel individu veut proſcrire les idées des
autres, & faire que les ſiennes deviennent des loix. Ainſi la confuſion parmi
les réformateurs de l'antiquité eſt une ſuite
immédiate de ce même principe de vanité
& d'impudence, qui rendit chacun d'eux,
les deſtructeurs des antiques loix & les
réformateurs de leur pays. Mais ſi cette
ſecte monarchienne que l'on voudroit
étayer, n'a pas un ſeul point de ralliement,
excepté ſa haine pour les loix de ſon
pays & ſa frayeur des jacobins, que pro-
duira cette politique, qui dans chaque
ville, laiſſe au peuple le droit de pronon-
cer ſur le Gouvernement qu'il veut établir, & qui les admet à capituler ſous de
pareilles conditions?

J'obferve d'abord que par-tout où les biens du clergé ont été vendus, par-tout où les purs royaliftes ont été expoliés, par-tout enfin où les fruits d'un brigan-dage utile à fes complices fubfifte, ces gens-là fe réuniront pour vouloir un Gou-vernement qui les laiffe jouir en paix de leurs forfaits, & que c'eft à quoi fe prê-teroit aujourd'hui la Grande - Bretagne, en couvrant quinze fiecles de gloire par la plus infâme politique qui exifta jamais. Mais à quoi la méneroit cette baffeffe? A rien, même en adoptant le principe des modérantiftes.

Si aujourd'hui Toulon s'eft rendu pour établir la conftitution de 1791, demain par le même principe, Marfeille peut fe rendre pour exifter en république, fans roi, fans jacobins : après-demain, Lyon peut fe rendre au pur royalifme; dans huit jours une autre ville modifier encore fa conftitution. L'Angleterre fanctionnant toutes ces capitulations, fe trouvera forcée de foutenir ces parties difcordantes, & peut-être, fi elle vouloit être conféquente, de se battre avec ses propres troupes ; par exemple , si la république de Marseille vouloit détruire le roi constitutionnel de Toulon.

Quel chaos, bon Dieu ! quelle politique ! de vouloir , par l'établissement d'un désordre inouï , détruire un désordre inconcevable ; de disputer en inconséquence & en ineptie avec les jacobins , pour détruire les jacobins ; de les accuser d'établir l'anarchie , pour établir la plus effrayante des anarchies ; de leur arracher les armes , pour en armer autant de factions qu'il y aura dans l'Empire François, de capitulations différentes.

Tant d'absurdités réunies me forcent de supposer un autre but , & par conséquent de discuter la troisieme hypothese.

Que l'Angleterre , se prêtant aux vues de quelques ambitions déréglées , adopte ces moyens politiques déja déduits , pour maintenir en France une éternelle anarchie, pour y perpétuer une éternelle foiblesse & préparer à des partages éventuels.

Et je dis en ce cas, qu'il ne peut exister

un fyftême plus fatal à la fûreté & à la dignité de la Grande Bretagne.

Un inftinct politique, bien plus que d'abftraits raifonnements, fit chercher dès le quinzieme fiecle, à toutes les puiffances, encore mal affurées de leur autorité dans leurs différents empires, à établir dans leurs relations extérieures avec tous les Etats de l'Europe, une forte d'équilibre, une efpece de balance qui peut feule conferver l'Europe en l'état où elle exifte depuis tant de fiecles.

Mais comme la raifon, éclairée par la réflexion & l'expérience, ne guidoit pas toutes les démarches qu'un inftinct naturel fembloit dicter, il s'enfuivit de grandes déviations dans les principes. La marche de la politique irréguliere & hafardeufe fe prêtoit davantage aux folies des ambitions individuelles, mais les écarts même de ces ambitions déréglées ont fervi à éclairer l'Europe fur fa pofition; ils ont fait naître la politique qui exifte aujourd'hui; ils en ont développé les regles & les refforts; & c'eft aux dangers que ces

écarts de l'ambition ont fait courir à l'Europe, qu'elle doit aujourd'hui la sûreté
& la stabilité de sa politique.

Le regne de Charles-Quint fut signalé
par une de ces déviations terribles &
menaçantes qui avertit au loin du danger
commun. Les folies de l'ambition se développerent toutes dans cette tête forte
qu'armoit un des plus grands caractères
connus. La vanité vint encore allumer
toutes les passions de l'amour-propre dans
cette ame dévorée de la soif de la puissance. Le souvenir du pouvoir d'Auguste
lui parut un tourment, avec le titre de César
qu'on lui avoit déféré. Il voulut réunir
à ce nom la puissance qu'eurent les maîtres
du monde, qui les premiers le porterent.
Les chimeres de la monarchie universelle
reparurent alors en Europe. L'imminence
des dangers fit faire à tous les rois ce que
leur auroit imposé la raison éclairée par
la réflexion. Ils se réunirent au parti le plus
foible. Ils virent dans le rival de Charles-
Quint, un homme guidé par des sentiments qui donnoient plus de prise à la

confiance & en laiſſoient peu aux dangers
de l'ambition.

On ſe réunit pour mettre un frein à la
terrible puiſſance de Charles-Quint, &
l'Europe échappa au danger d'un nouvel
eſclavage politique. Toutefois les idées
politiques, le ſyſtéme d'agrandiſſement
que la forte tête de Charles-Quint avoit
conçu, germerent encore dans l'Europe.

La terreur des projets de Charles-Quint
ſurvécut à ſon ſiecle. Il fallut, pour le
repos de l'Europe, un plan politique qui
la raſſurât contre tous les dangers. La puiſ-
fance de la maiſon d'Autriche parut mettre obſtacle à toute eſpece d'équilibre; il
fallut abattre cet obſtacle. Trente ans de
la plus ſanglante guerre furent employés
à l'affoibliſſement de cette puiſſance; &
ce fut après tant de travaux que tous les
Gouvernements, éclairés par tant de malheurs, établirent la politique Européenne
ſur des baſes fixes; développerent, & les
principes, & les moyens & les loix de cette
politique. Alors ſeulement les loix en
furent connues; car le traité de Weſtpha-

lie eft le code de toute la politique de
l'Europe.

Tout ce qui a été fait depuis, a été
la conféquence de ce traité. Tout ce qui
s'en eft éloigné, (car la politique a des
écarts, parce que les hommes ont des
paffions) tout ce qui s'en eft éloigné, y a
été ramené par la force des chofes ; tout
ce qui s'en écartera, y fera ramené par le
malheur & la néceffité.

Ainfi, qu'on ne me cite pas ces alliances difcordantes, conclues contre l'efprit
& la teneur de ce traité. Ces alliances font
des monftres en politique : elles fe termi-
nent par la ceffation des circonftances qui
les font naître, ou par les malheurs qu'elles occafionnent. Mais comme elles ne
peuvent changer la nature des chofes, il
s'enfuit que les pays que leur pofition
doit unir, ne feront jamais défunis que
par la démence ou les erreurs d'un mi-
niftre.

C'eft donc le traité de Weftphalie qui
eft le réfultat de l'expérience de tous les
fiecles qui l'ont précédé ; c'eft ce traité

qui eft le code politique de l'Europe ; c'eft la raifon des nations ; c'eft la loi univerfelle de l'Europe.

Fideles à fon efprit, les puiffances, dans le fiecle paffé, fe réunirent toutes contre cette puiffance alors fi impofante, qui fembloit bien plus, par des vanités qui humilient, que par des faits, menacer l'équilibre de l'Europe.

Le traité de Rifwich la replaça où l'avoit claffée le traité de Weftphalie ; & enfin, malgré les fureurs des hommes, jamais on n'a pu s'éloigner de la fageffe des difpofitions de ce traité fameux.

Or, dans ce traité, je vois l'état de l'Europe fixé par le concours de toutes les grandes puiffances, à la fois contractantes & gárantes ; & parmi ces puiffances, je vois la France, puiffance du premier ordre, puiffance prépondérante, tenir une des premieres places. La France eft une des colonnes du fyftême politique de l'Europe. Elle l'a été fouvent malgré fa volonté : elle le doit être encore malgré fes malheurs & fes forfaits.

Quel feroit donc le but de cette politique, plus abfurde encore qu'elle ne feroit
féroce, qui voudroit, fuccédant à l'œuvre des brigands, leur arracher leurs dé-
pouilles toutes fanglantes pour fe les partager; & qui enfin, en cette circonftance,
donneroit à la guerre que fait la coalition, le caractere, non pas d'une guerre
de fûreté pour les membres qui la com-
pofent, mais le caractere d'une guerre
de rivalité avec les jacobins, pour leur
ravir leur proie & y fuccéder?

S'il étoit poffible que telles euffent été
les vues de la coalition, je trouverois alors
entre ces vues & les négociations, dont
l'objet feroit la réfurrection de la conftitution de 1791, un enfemble qui m'offriroit à la fois les principes & leurs conféquences. En effet, fe partager la France
dès ce premier moment, me paroit une
chofe impoffible. Tous les Empires envi-
ronnants ne font pas encore prêts à fouf-
crire à cette abfurde politique. Il faut les
y amener par la néceffité, les y accoutu-
mer par l'habitude, leur rendre ce voi-

finage de la France fi incommode, que
fon anéantiffement leur femble une
fûreté.

Pour parvenir à ce but, je conçois
comment en fe faififfant à l'inftant de
quelques Provinces que cet Empire doit
néceffairement perdre, auffi-tôt que la
conftitution de 1791 auroit fuccédé à l'antique conftitution de la monarchie, parce
que les traités qui les lui accordoient,
avoient prévu des époques où elles devoient s'en détacher, & que ces époques
feroient arrivées; je comprends, dis-je, comment en fe faififfant de ces conquêtes, &
pour préparer la néceffité d'un partage
abfolu & définitif, il faudroit établir dans ce
qui fera laiffé, une anarchie politique qui y
faffe naître & y maintienne une perpé-
tuelle & fanglante foibleffe, une foibleffe
calculée, dont tous les réfultats foient
des malheurs pour les François, fans être
un danger, s'il fe peut, pour leurs voifins. Il faut que pour ces voifins, la France
foit une vafte arêne, où les François, devenus gladiateurs & armés les uns contre les

autres, par le fait des Puiſſances voiſines, tour-à-tour excités par elles, ſe poignardent, ſe déchirent dans l'arène, juſqu'à ce que les puiſſances ſpectatrices y deſcendent elles-mêmes, pour s'en partager le territoire & mettre ainſi un terme au combat.

Dans cette ſuppoſition, le parti monarchien doit être le parti auquel on donnera la préférence. L'incohérence de ſes principes, l'illégalité de ſes moyens, l'ambition individuelle des êtres cupides qui le compoſent, doivent paroître en ce cas, le meilleur ingrédient de diſcorde qu'il ſoit au pouvoir des hommes de former. Tous les autres partis révoltés à la fois contre ces êtres avilis & leur honteuſe domination, doivent trouver leur anéantiſſement mille fois plus doux, qu'une exiſtence ſi ignominieuſe avec la prépondérance & le triomphe de cet infâme parti (7) ; & dès-

_____

(7) Ces aſſertions ſemblent contredire une opinion que je vois ſe propager de tous côtés ;

lors tous les partis doivent tôt ou tard
provoquer son anéantiffement & s'achar-

& certes, de pareilles opinions ne se propagent
pas sans deffein. J'entends dire de tous côtés , &
aux gens qui par leurs places impriment un caractere à leurs difcours :

    „ Que les royaliftes , défefpérés du traitement
„ affreux qu'on leur prodigue dans plufieurs Etats,
„ & de la mifere qui les pourfuit dans tous ,
„ auront perdu dans ces adverfités continues , &
„ leurs reffources & leur énergie ; que preffés
„ par la faim , aiguillonnés par le défefpoir , chaf-
„ fés alors par un accord général de tous les
„ royaumes de l'Europe , ils feront contraints
„ d'accepter avec empreffement toutes les con-
„ ditions qu'on voudroit leur accorder ; & que
„ fi on mettoit à leur rentrée en France , & à la
„ jouiffance de quelques débris de leur fortune ,
„ l'obligation de fe foumettre à la Conftitution
„ de 1791 , ils fe trouveroient encore trop heu-
„ reux de l'accepter & de fe taire ; & qu'ainfi
„ l'oppreffion des royaliftes dans l'intérieur , &
„ les traitements infligés à ceux qui font au-
„ dehors , produiront l'effet néceffaire de les
„ réunir tous à la foumiffion à la Conftitution
„ qu'on voudra donner à la France. „

E

her à la deſtruction de cette faction, plus
avilie encore qu'elle n'eſt odieuſe, plus

Je veux bien me prêter à cette hypothêſe
horrible; je veux bien revêtir mon cœur de cette
cuiraſſe de cruauté, de ſtupidité, de lâcheté
atroce qui enceint celui des êtres capables de
former un pareil calcul; & je leur dis qu'il eſt
impoſſible de former un raiſonnement plus faux
& de connoitre plus mal les hommes, ſur-tout
les François.

J'ignore à quel point le malheur peut détério-
rer les hommes; je ne peux ſavoir à quel excès
de déſeſpoir la fidélité peut ſe porter, quand de
toutes parts elle ſeroit méconnue & avilie, même
par ceux qui devoient l'honorer & la protéger;
mais je ſuppoſe que les royaliſtes François ſoient
parvenus de calamités en calamités, à une totale
abnégation de leurs principes & de leur honneur;
je ſuppoſe en effet, qu'ils rentrent en foule dans
la France conſtitutionnelle, ſoumis à la Conſtitution de 1791, à une chambre des Pairs, ſi l'on
veut; enfin à tous les ſyſtêmes qui auront pré-
valu. Eh bien! je dis que dans deux mois, chaque parti reſſuſcité aura les armes & les poignards à la main, d'un bout de la France à l'autre, quelque ſyſtême qui prévaille, ſi l'ancienne
Conſtitution n'eſt rétablie, & ſi le Roi ne jouit

ridicule qu'elle n'eft forte, plus ftupide
qu'elle n'eft ambitieufe; dans cette fup-

de toute l'autorité qu'elle lui donne, & ne l'emploie fuivant les formes qu'elle prefcrit.

Les royaliftes François abreuvés chez les puiffances étrangeres, d'humiliations de toute efpece, de vexations de tout genre, pourront rentrer
dans leur patrie & accourir dans leurs anciennes demeures, y receuillir ce que la torche & la
hache auront épargné; mais dans fix femaines,
les premiers befoins phyfiques feront fatisfaits;
dans fix femaines, ce ne fera plus l'œil indiffé-
rent de l'étranger que fixeront leurs regards, ce
feront des yeux animés des mêmes fentiments
qui fe fixeront mutuellement, & fans s'être même
parlés, les François fe feront déja entendus.

Les plus urgents befoins phyfiques affouvis,
renaîtront les infatiables befoins de l'honneur &
de l'opinion; alors on fe rappellera & ce que la
loi nous a fait, & ce que nous auront fait nos
tyrans, & ce que des remedes pires que nos
maux nous auront produit. La vue du parti
triomphateur deviendra pour ces ames ulcérées
le flambeau des furies; le fentiment de la tyrannie fous laquelle gémirent le roi, & les premiers
ordres, frappera tous les efprits; fi des Pairs do-
minoient alors cet ordre antique établi par qua-

E 2

poſition, rien ne m'étonne de tout ce qui
s'eſt paſſé, ſi ce n'eſt l'idée premiere qui

────────────────

torze ſiecles d'honneur & de gloire, on ſe ſenti-
roit plus avili de l'obſtacle que du ſentiment de
ſes maux; & je le demande à tout homme im-
partial connoiſſant les François, croit-il que de
pareils ſentimens reſteroient inactifs dans l'ame
des François ? Croit-il que ſix mois puſſent ſe
paſſer ſans que le ſang coulàt de toutes parts
dans ce royaume déſolé ? Enfin, quel eſt dans
l'univers, l'homme aſſez courageux pour oſer
uſurper les droits de la nation, en s'inveſtiſſant
de la Pairie; & ſi cet homme exiſtoit, qui oſeroit
aſſurer qu'il exiſtera ſix mois ?

Si c'étoit la Conſtitution de 1791, qui remplaçât nos antiques loix, elle feroit elle ſeule ce
que le reſſentiment & l'amour de nos antiques
loix auroient fait; cette abſurde, cette ſtupide
Conſtitution armeroit de poignards un couvent
de Chartreux, ſi telle étoit la regle ſous laquelle
ils doivent vivre.

Mais me dira-t-on, pourquoi donc eſpérez-
vous que le retour des antiques loix triomphera
de tous les ſyſtêmes, & ſoumettra plus aiſément
les François que toute autre innovation plus propre à plaire à toutes les factions ?

a tout opéré, & que je regarde comme
la plus infigne abfurdité qui ait jamais
affligé l'efprit humain.

Ah ! c'eft que le rétabliffement de l'antique
Conftitution n'eft autre chofe que le triomphe
des loix & non le triomphe d'aucune faction.

C'eft que le triomphe des loix n'eft qu'une
chofe abftraite, & qui ne peut fervir aucune
faction, aucune tyrannie, aucun orgueil individuel.

C'eft que nos antiques loix font le bien de
tous, mais ne font l'invention ni la propriété de
perfonne ; c'eft que dans leur établiffement on
voit le triomphe de la juftice, & non l'infolente
& criminelle profpérité d'une troupe de factieux.

C'eft qu'enfin dans ce cas, les chofes feules
paroiffent, & qu'on ne peut fe fentir humilié de
fléchir fa tête fous la loi, & qu'il n'y a que des
lâches qui fe réfolvent à la fléchir fous des tyrans
& des novateurs.

Voilà pourquoi l'univers entier coalifé ne
parviendroit pas à donner à la France une autre
Conftitution que la fienne, que fon antique loi.
On pourra l'anéantir, mais on ne pourra la dété-
riorer ; cela eft certain, & puifqu'il faut le dire,
j'aime mieux la voir périr que de la voir s'avilir

En effet, si un génie infernal, ennemi de la tranquillité de l'Europe, vouloit y exciter des troubles interminables, ou qui ne se terminassent que par sa destruction, quel meilleur moyen eut-il pû trouver que de jetter dans l'ame des rois, l'idée de se partager la France ? En l'état de l'Europe, je défie à tous les hommes d'Etat réunis de trouver une seule chance de possibilité d'accord à ce sujet. Je leur défie à tous de ne pas trouver dans ce partage, repaire de l'iniquité de la plus exécrable politique, le berceau de tous les maux qui peuvent désoler la terre ; l'anéantissement de toutes les bases de la politique Européenne ; la renaissance de tous les dangers qui précéderent le traité de Westphalie ; la nécessité de la réunion de toutes les puissances

à cet excès d'ignominie, que tous ses enfans, sans exception, baissent honteusement la tête sous le joug des plus infames tyrans, ou sous celui des plus impudents novateurs qui aient existé dans aucun pays & dans aucun siècle.

opprimées contre une puiffance oppri-
mante ; la néceffité d'une foule de guerres toutes plus cruelles , toutes plus
fanglantes les unes que les autres ; & à
la fin de toutes ces calamités , lorfque tous
les fléaux auront exterminé l'Europe , je
vois la paix renaître par la néceffité de
recréer ce qu'on avoit détruit , de renon-
cer à fes projets , ou bien d'en devenir
les victimes.

En effet , fi l'exiftence de la France ,
comme puiffance politique , étoit odieufe
à certaines puiffances , examinez leurs
motifs , & dans cet examen vous trou-
verez la néceffité de fon exiftence ; car à
cette exiftence font attachées les deftinées
de plufieurs Etats.

Or, fi l'exiftence politique de l'Alle-
magne, fi l'exiftence enfin de tout ce qui
redoute une autorité trop prépondérante
en Europe , eft attachée à l'exiftence de la
France , croit-on qu'il fera poffible de
mettre un bandeau affez épais fur la vue
de tous les princes , pour qu'ils ne fe
réuniffent pas contre l'ambition qui en

auroit opéré la ruine ? Croit-on que fi momentanément la France n'eft plus, il n'arrivera pas qu'une autre puiffance venant à fon aide, rallie autour d'elle, toutes les puiffances intéreffées à maintenir l'équilibre de l'Europe & à prévenir fa ruine ? Ah ! que dis-je ? Les alliances dans ce cas, fe préfentent d'elles-mêmes : la nature les indique, elles frappent tous les regards.

Quel rôle jouera donc la Grande-Bretagne, fi fes miniftres avoient favorifé les projets, (s'ils ont exifté) qui avoient en vue l'anéantiffement de la France, fon éternelle foibleffe ou fon envahiffement? C'eft ce que je dois examiner.

Et je me demande : l'Angleterre trouve-t-elle fon intérêt à la ruine & au partage de la France ?

Si ce partage s'opéroit, devroit-elle y coopérer ou s'y oppofer ?

Je vais fans doute étonner, quand je dirai que l'intérêt de l'Angleterre eft, que la France exifte en monarchie, qu'elle exifte en Europe comme puiffance, & comme puiffance prépondérante fur le continent;

mais ce que je dis, je vais le prouver.

L'Angleterre eſt arrivée à ce point de puiſſance & de force, où elle n'a plus à craindre, peut-être, que les fautes de ſes miniſtres. Dans ſa proſpérité nationale, elle n'a plus d'autre politique à ſuivre que la ſageſſe d'en bien uſer ; & dans ſa puiſſance, cette autre ſageſſe ſi difficile à accorder avec les paſſions des hommes, qui conſiſte à rendre ſa prépondérance utile au bonheur de l'Europe, pour la rendre éternelle.

Si l'Angleterre n'avoit plus de rivaux de ſa puiſſance, il faudroit lui en créer pour la lui conſerver.

C'eſt l'effet d'une politique lâche & ſans prévoyance qui porte les gouverne-ments à deſirer la mort politique de leurs rivaux. Cette penſée ne convient qu'à des empires aſſervis ſous le double joug de l'ignorance & du deſpotiſme.

Tout Anglois doit vouloir que ſa pa-trie domine ſes rivaux, mais il doit, s'il eſt éclairé, vouloir qu'elle ait des rivaux pour la garantir de deux fléaux inévitables.

Si elle fe croit fans rivaux , l'abus de fa puiffance lui en créera d'invincibles ; fi elle fe croit fans rivaux , elle laiffera par l'effet de fa fécurité , fe détruire les moyens qui lui donnerent fa prépondérance.

D'ailleurs , je verrois dans l'anéantiffement de la France , la création néceffaire d'une puiffance rivale , qui tôt ou tard feroit paier cher à l'Angleterre , les crimes dont elle auroit été le complice.

L'Angleterre eft une puiffance maritime de fa nature , & continentale par fes alliances.

Comme puiffance maritime , elle doit vouloir que le moyen qui l'a fait être ce qu'elle eft , foit fi fort en fes mains , que fa prépondérance foit fi marquée , qu'elle ne craigne en ce genre , les attaques d'aucune puiffance rivale.

Comme puiffance continentale par fes alliances, elle doit vouloir le maintien d'un équilibre dans l'Europe , qui défende fes alliés de toute puiffance dominatrice ; car fi cet équilibre étoit détruit aujourd'hui, il faudroit qu'elle déclarât la guerre demain, à la puissance dominante pour le rétablir.

Or, comme puissance maritime de sa nature, je trouve l'Angleterre dans la position de s'assurer à jamais la prépondérance; mais remarquez que rien ne seroit plus contraire à sa prépondérance que l'abus qu'elle en feroit, en voulant détruire tous ses rivaux. Cet abus n'est pas l'usage de la prépondérance, il est celui de la tyrannie. Aucune tyrannie de ce genre ne peut être durable; elle appelleroit à sa destruction l'Europe entiere; on verroit les ennemis s'accorder momentanément pour détruire le tyran de l'Europe, & le jour que les ministres Anglois donneront à leur pays, le dehors & le ton d'un tyran, sa ruine politique commencera à se préparer.

L'Angleterre, dans la circonstance actuelle, peut-elle, doit-elle établir sa prépondérance maritime ? Elle ne doit rien craindre des efforts de quelque puissance maritime que ce soit; mais **pour**

cela, elle ne doit point détruire fes rivaux :
elle doit les régler , ne rien donner à
l'abus de fa prépondérance , ne rien refufer à fa fûreté, & voir fa fûreté dans
l'exiftence d'une certaine vigilance, d'une
certaine inquiétude que donne toujours
l'exiftence d'une puiffance non pas rivale,
mais qui pourroit le devenir.

Comme puiffance continentale, l'Angleterre eft éminemment intéreffée à maintenir l'équilibre des puiffances. Tous les
alliés de l'Agleterre ont le même intérêt
qu'elle : il n'en eft aucun qui n'ait intérêt
à ce que la France foit une puiffance ; il
n'eft aucun traité ; il n'eft dans la nature
aucun moyen qui puiffe rendre la perte
de la France fupportable pour l'Allema-
gne , la maifon de Bourbon & fes alliés.

La maifon de Bourbon qui voit fa
ruine dans celle de ce royaume, trouvera
fi on l'opéroit , autant d'alliés que les
co-partageants auroient de rivaux , &
qu'ils voudroient faire de victimes. Une
des plus furieufes guerres dont l'Europe
puiffe avoir le fouvenir , viendroit enfan-

glanter la terre ; car cette guerre ne feroit
pas un écart d'ambition , mais une guerre
de néceffité , où il s'agiroit comme dans
les guerres des barbares , de favoir fi tel
empire feroit ou ceſſeroit d'être un Etat ,
ou s'il deviendroit une conquête.

Si dans ce trouble affreux , l'Angleterre
prenoit un parti , & elle feroit forcée à
en prendre un ; il n'eſt pas douteux que
ce ne fut celui des opprimés , & qu'on
ne la vit alors protéger la liberté de fes
alliés , & l'indépendance de l'Europe.

Si donc l'indépendance de l'Europe &
fon équilibre font attachés à l'exiſtence
de la France comme Etat politique , &
prépondérant dans le continent , rien au
monde ne feroit plus contraire aux intérêts de l'Angleterre que fon anéantiſſement.

Cet anéantiſſement feroit funeſte à la
puiſſance qui l'opéreroit : elle périroit fur
fes propres ruines ; elle périroit des excès
de fa propre opulence , & cette punition
fuivroit de près , l'excès de fon ambition.

Quelqu'ennemi de la fûreté de la

Grande-Bretagne, voudroit-il lui proposer de partager ce grand empire, & de recevoir son contingent, pour ce crime commun à tous ? Certes, il feroit trop groffier le piége caché fous ce leurre infâme.

S'il faut jamais que l'Angleterre ftipule fur les juftes dommages qui lui font dus, dans une guerre dont la France fans doute fut le principe & l'occafion, mais dont l'intérêt de fa propre fûreté fut aufli le mobile & le but, ce fera hors du continent de l'Europe qu'elle cherchera des dommages, & l'on ne la verra pas concourir elle-même aufli ignominieufement à fa ruine.

Pour tout Anglois vraiment dévoué à la Conftitution de fon pays, il doit être béni à jamais le jour heureux, où fes ancêtres perdirent pour toujours leurs poffeffions continentales en France ; ce jour fut le falut de l'Angleterre. Toute fon exiftence politique dépendoit de cet événement : fi elle eût continué à jouir de fes poffeffions, elle auroit perdu la

Conftitution qui fait fon bonheur & fa
gloire. Affervie pour jamais fous le pouvoir de la couronne, elle auroit perdu
fa prépondérance maritime, impliquée
qu'elle auroit été fans ceffe, dans des guerres interminables. Le ciel pofa lui-même
les limites de cet empire fur le continent
de l'Europe ; & j'ofe efpérer que jamais
on ne les lui verra franchir.

Ainfi, fi c'étoit de bonne-foi que le
Gouvernement Britannique veut faire
fuccéder à l'anarchie fanguinaire des jacobins, l'anarchie odieufe & méprifable des
monarchiens ; rien de plus odieux, de plus
injufte & de plus inepte.

Si c'eft comme moyen de ramener le
peuple à fes antiques loix, qu'on veut le
faire paffer de l'anarchie jacobine par l'a-
narchie monarchienne, rien au monde
de plus abfurde.

Et fi on ne veut forcer les François à
recevoir des puiffances, la Conftitution
monarchienne que pour les affoiblir par
d'interminables divifions, pour fe partager enfuite leur empire ; rien ne peut

être plus contraire aux intérêts & à la fûreté de la Grand-Bretagne.

Malgré toutes ces preuves, malgré la difcuffion de toutes ces hypothèfes, qui m'a conduit à prouver, ou leur abfurdité, ou leur perverfité, il eft néanmoins conftant & prouvé par les faits, que pendant un tems, on a paru adopter & favorifer le parti mitoyennifte; & qu'en affurant toujours qu'on ne vouloit pas fe mêler de l'intérieur de la France, on s'en eft mêlé très-activement, très-malheureufement pour elle, en s'efforçant par tous les moyens poffibles, de faire prévaloir fur tous les autres partis, ce parti, la fentine, le fumier de tous les partis, le repaire de tous les rebelles & de tous les ambitieux. Si on difputoit ce fait, je citerois les bizarres capitulations de Toulon & la ruine de Toulon.

Si on difoit que Toulon n'a voulu fe donner qu'à ces conditions, on nieroit d'abord le fait, & on pourroit peut-être prouver que l'on a négocié pour que Toulon impofât ces conditions.

Mais

Mais enfin , j'ajouterai : il eſt un coin de la France où s'illuſtre à jamais le plus pur royaliſme , où des héros reunis par l'amour de leur Dieu & des loix , ont ſeuls bravé tous les tyrans de la France. Je dirai : l'Europe a vu ces héros prêts à être écrâſés par leurs ennemis , & elle les a mépriſés. On n'a pas même voulu les regarder comme des alliés de la Coali-tion , puiſqu'on ne les a pas compris dans le nombre des alliés , contre leſquels la garniſon de Mayence priſonniere ne pou-voit pas porter les armes ; & cela , parce que leurs principes trop purs n'étoient pas ceux de ce parti alors protégé. Enfin , forcé par le vœu & l'admiration de l'Eu-rope de les protéger , on publie qu'on n'a voulu les protéger que pour les avilir ; que c'eſt à la corruption de leurs prin-cipes que l'on avoit attaché le prix d'une foible aſſiſtance.

Forcés de changer de ſyſtême , les miniſtres pourroient - ils être un moment embarraſſés ſur le parti qu'il convient à l'Angleterre de prendre dans cette affreuſe

F

guerre ? S'ils l'étoient, j'ose croire que le parlement ne l'est pas ; que la nation ne le sera jamais. Heureuse mille fois l'Angleterre, puisque dans sa politique, elle est parvenue à ce point de grandeur & de gloire qui lui impose la nécessité d'être toujours magnanime, & où le parti le plus noble & le plus juste sera toujours pour elle, le parti le plus utile & le plus sûr.

J'ai toujours été persuadé que cette partie de la politique moderne, dont les éléments font la fourberie, la duplicité qui fonde ses succès sur la confiance abusée, sur la violation de toutes les loix de la morale, & qui demande de la part du ministre qui l'emploie, une impassibilité de cœur calculée, une immoralité raisonnée, qui place l'être qui est parvenu à se la procurer, au-dessous des plus vils animaux, auxquels au moins des philosophes n'ont pû apprendre à étouffer leur instinct ; j'ai toujours, dis-je, été persuadé que cette politique étoit le plus sûr moyen d'arriver avec ignominie, à la ruine des empires qui l'avoient adoptée.

Au moins eft-il indubitable pour tous Anglois, qui connoît la fuperbe fituation politique de fa patrie, que ces vils moyens, non-feulement font inutiles à fon Gouvernement, mais qu'ils lui feroient auffi nuifibles qu'ils font odieux.

Ce fut le vœu d'une cruauté fans difcernement ; ce fut le cri d'un barbare que la clameur féroce de ce Romain qui s'écrioit fans ceffe : *delenda eft Carthago.* Qu'il s'exprimeroit bien différemment cet Anglois, qui, avec le cœur de Caton, réunit toute l'étendue d'efprit & de connoiffances politiques que Caton n'avoit pas ! oui, s'écrieroit-il : " j'aime ma patrie „ autant qu'il aimoit la fienne, & c'eft „ pour en affurer la durée que je ne cef„ ferai de m'écrier : il faut fauver la Fran„ ce ; il faut fauver la monarchie Fran„ çoife ; il faut la fauver & la conferver, „ finon dans fa parfaite intégrité, du „ moins avec la plus notable prépondé„ rance.

„ C'eft parce que je veux conferver „ à ma patrie la Conftitution qui fait fon

F 2

» bonheur, que je veux que la France
» soit rétablie sous son antique Constitu-
» tion, sans altération, sans modifica-
» tion, parce que si le crime a pu obte-
» nir en France un seul avantage, & si
» cet avantage est durable, qu'on me
» démontre alors qu'il n'est pas permis,
» pour donner à l'Angleterre une loi nou-
» velle, d'y commettre tous les forfaits,
» & d'y détruire toutes les loix & toutes
» les formes.

» Je ne veux, ajouteroit encore M.
» Burke, ni paix, ni treve, ni transac-
» tions avec les factieux, non plus qu'a-
» vec les régicides ; parce que je regarde
» les régicides de la Convention comme
» les exécuteurs de la premiere assemblée
» des rebelles, & que je regarde comme
» leur complice, tout être assez hardi pour
» concevoir l'idée de placer un seul mo-
» ment, la force des factions à la place
» des loix.

» Je ne veux ni paix ni treve avec
» tous ces criminels, parce que je vois
» le germe de tous ces mêmes crimes

„ disséminés dans ma patrie, & que je
„ veux les empêcher d'y éclore. Ah !
„ sans doute, je veux aussi que l'on soit
„ miséricordieux, parce que l'homme né
„ pour le repentir, l'est aussi pour la clé-
„ mence, & que ce n'est que celui qui
„ est inexorable pour le scélérat endurci,
„ qui fait pardonner & distinguer le véri-
„ table repentir. (1) „

---

(1) Les conventionnels & les jacobins qui
tyrannisent aujourd'hui la France, ont employé,
pour faire partager leurs fureurs à ce peuple infortuné qu'ils égarent & qu'ils égorgent, les
mêmes moyens, les mêmes raisonnnements dont
se servent encore toutes les autres factions qu'ils
ont écrasées, & qui rivalisoient avec eux à l'au-
rore, & pendant le cours de la révolution.

Les jacobins ont cherché par tous les moyens
imaginables, à se faire des crimes commis & des
crimes à commettre, un moyen d'opérer leur
triomphe, & un moyen de le soutenir.

Il est impossible que dans le cours d'un si
épouvantable bouleversement de toutes les loix,
une infinité de François n'ayent des crimes ou
des torts graves à se reprocher. Les jacobins qui

F 3

Tel a été , en effet, & tel feroit encore
le langage de cet homme fi juftement

ont commis des crimes inexpiables, pour en
éviter le châtiment , ont perfuadé aux François
égarés , que le même caractere d'irrémiffion étoit
attaché à leurs fautes ; ils leur ont perfuadé
qu'ils les avoient affociés à tous léurs forfaits,
& que la victoire de la caufe jufte feroit auffi
leur arrêt de mort.

Pour rendre ce moyen tout-puiffant , ces pro-
fonds fcélérats connoiffant le cœur humain & la
puiffance des remords, lors même qu'ils les
avoient étouffes dans leurs ames , n'ont pas
oublié, que pour des étres que l'égarement entraîna à commettre un crime , le remords par fes
fouvenirs déchirants, fait de ce crime la remi-
nifcence de tous les inftans , & que le coupable
épouvanté croit l'œil de l'univers fixé fur lui ;
il croit que tout ce qui le regarde , furprend dans
fes yeux le fecret de fa confcience. Pour mettre
ce fentiment à profit , les jacobins , en même-
tems qu'ils arrachent par milliers leurs victimes
par leurs requifitions militaires , fe procurent
dans tous les Cantons, Diftricts, Municipalités,
la connoiffance de tous les crimes qui y furent
commis ; & retraçant fans ceffe à leurs foldats le

célebre , & ce ne fera que lorfque ces
principes feront devenus la politique des
puiffances , que la coalition qu'elles for-

---

fouvenir de ces fautes , ils les agravent ; ils
épouvantent par la terreur des fupplices , ces
confciences déja épouvantées de leurs remords ;
ces infortunés croyant la clémence bannie de la
terre , imaginant qu'il ne leur refte plus , pour fe
fouftraire à la mort , que le triomphe de leurs
tyrans , fe précipitent avec la rage du défefpoir
au‑devant des périls ; & c'eft ainfi que les
tyrans dominateurs de la France ont fu rendre
les forfaits , les crimes & les fautes , des moyens
d'établir leur empire , & de puiffants moyens de
le foutenir.

Les modérantiftes leurs rivaux de tout genre,
ne pouvant les imiter , parce que la puiffance eft
échappée de leurs débiles mains , les imitent dans
leurs raifonnements ; ils rendent commune aux
individus , l'inflexibilité de conduite qui n'eft attachée qu'aux principes.

Ils cherchent à faire croire au peuple, que parce
qu'il n'y a *point d'accommodement* entre ce qui
eft jufte & ce qui eft l'œuvre de l'ufurpation, entre
la Conftitution qu'établit la loi & celle qne vou-
lurent établir des factieux , il s'enfuit qu'il n'exifte

ment, s'empreindra de ce caractere facré
& augufte, préfage certain de fa gloire

---

plus d'accommodement à efpérer pour les individus qu'égara leur fauffe doctrine.

Tandis que l'inflexibilité de principes n'eft applicable qu'aux loix, & que la clémence, l'in-
dulgence, l'oubli font des qualités néceffaires à
ceux qui ont à gouverner des hommes; tandis
que la politique dépouillée de tout fentiment
d'humanité, commanderoit elle-même l'amniftie,
& qu'il eft peut-être peu d'hommes, qui, s'ils
interrogeoient leur confcience au fortir de ces
tems de troubles, ofaffent la repouffer, & en
dédaigner le bienfait; les factieux de toutes les
fortes, cherchent à perfuader au peuple la néceffité d'une révolution quelconque, par l'impoffibilité de fe foumettre de nouveau, à celle
contre laquelle on accumula tant & de fi longues
offenfes.

Certes, voilà la pius importante des vérités à
annoncer, celle que les rois feuls peuvent proclamer, que l'autorité légitime peut feule fanc-
tionner : il faut féparer les loix & les hommes;
la Conftitution légale, & ceux qui la mécon-
nurent & qui s'égarerent; le crime de celui qui
ne veut fe foumettre qu'aux innovations & qui

& de fes fuccès. Il faut que l'Europe con_
noiffe fon but & fes principes ; il faut arracher aux régicides cette arme meutriere

---

les demandent, & la conduite de celui qui cher-
che à fe foumettre aux loix , & qui invoque
leur clémence.

L'inflexibilité eft pour les principes : elle dérive
de leur nature ; elle eft applicable aux chofes
abftraites ; la clémence feule l'eft aux hommes
égarés, ramenés par le malheur & le repentir.

La clémence s'arrête, où commence la violation des loix & des formes : elle paroît où fe
préfentent les individus.

La clémence enfin n'eft pas applicable aux
loix, elle n'eft applicable qu'aux hommes.

La même main qui ne fléchira jamais, lorfqu'il
s'agira de changer les loix & la conftitution de
l'empire, eft encore celle qui peut feule fanc-
tionner & affurer l'amniftie à tous les François,
que le malheur a déja fi févérement punis, &
que l'adverfité & le remords rameneront aux pieds
de ce trône, où la juftice armée de fon glaive
fut toujours repréfentée affife à côté de la clémence, pour apprendre aux hommes que les rois
ne fauroient être juftes, s'ils ceffoient d'être
miféricordieux.

& empoifonnée, avec laquelle ils affocient un peuple éperdu, à leurs fureurs,
en lui faifant accroire que les puiffances,
dans leur jufte colere, l'affocient à leurs
crimes & au châtiment que la loi leur
deftine ; il faut que le peuple François
fache, que tous les hommes que l'erreur,
la foibleffe, ia terreur ont rendu coupables, peuvent expier leurs fautes par les
mêmes moyens qui doivent affurer leur
félicité & annoncer leur répentir, en exterminant leurs tyrans ; que s'il n'y a *point
d'accommodement* entre la loi & le crime,
entre les fyftêmes des factieux & les principes, entre les loix fondamentales de
l'Etat & d'infolents novateurs, il doit y
avoir merci & clémence pour ceux qu'é-
garerent ces perfides doctrines Il faut que
tous les François fachent, que les puiffances belligérantes ne veulent annéantir que
ces monftres qu'ont vomis les enfers ;
ces juges régicides du meilleur des Rois,
qui regnent actuellement fur la France ;
ces ennemis de Dieu & des hommes ;
ces voleurs facrileges, qui de la même

main, enlevent l'or des autels & le plomb
des fépulchres, & avec qui ni le ciel, ni
les vivants, ni les morts ne peuvent être
à l'abri d'aucune forte d'outrages ; ces
effroyables fcélérats qui ont conjuré la
ruine de l'univers, doivent être l'héca-
tombe que la juftice des rois doit au ciel
& à la fûreté de l'Europe. On ne peut
fe le diffimuler ; il faut périr, ou il faut
qu'ils périffent avec ces affaffins régicides couverts du fang de leur Roi, de
leur Reine & de celui d'un million de leurs
malheureux fujets ; avec ces tigres à face
d'hommes, qui dans leur féroce délire
croyant frapper la vertu elle-même, trai-
nerent fous le fer des bourreaux cette
princeffe, modele unique fous le ciel, de
bonté, de réfignation & d'infortune, &
qui placerent fur un échafaud cette fainte
victime de fes devoirs, pour laquelle
l'Europe entiere prépare des autels : avec
ces tigres, dis-je, il ne refte qu'un parti,
celui de s'annoncer pour les vengeurs du
monde, ou de devenir leurs victimes. La
clémence avec ces monftres, grand Dieu !

ce feroit de la complicité. Il n'eft que Dieu feul, dont l'inépuifable bonté auffi incompréhenfible que fes autres attributs, puiffe encore leur pardonner ; mais la juftice des hommes n'a jamais eu & n'aura jamais un pareil droit.

La vie des Rois n'appartient qu'à Dieu feul. Lui feul peut en trancher le cours. La vie des Rois n'eft pas à eux. Ils ne peuvent ni l'expofer fans néceffité, ni refufer de l'expofer pour le falut de l'Etat. Leur vie eft à nous ; elle eft à nous tous ; elle eft à chacun de nous. Sur ces têtes facrées repofe la deftinée des empires. Chacun eft armé de droit pour les dé- fendre ; & quand un forfait exécrable enleve un Roi à fes peuples, la juftice a bien le droit de réclamer le coupable pour le punir ; mais aucun être fur la terre n'a le droit d'accorder grace. Une pareille impunité n'étant qu'un fcandale, chaque individu auroit alors le droit de juger les régicides, & celui d'armer fa main pour purger la terre d'un de ces monftres.

Ainfi donc tous les fentimens lés plus
naturels , tous les droits les plus faints ,
toutes les loix , tous les intérêts réunis
prefcrivent à toutes les puiffances , &
furtout à l'Angleterre, la feule politique
convenable a de fi grands intérêts ; mais
cette politique ne doit pas être ténébreufe.
Pour devenir utile , elle doit s'environ-
ner de la clarté des cieux , parce qu'un
de fes plus grands moyens de fuccès eft
dans la juftice de la caufe royale ; & pour
le faire valoir tout fon prix , il faut lui
donner tout fon éclat.

C'eft donc en déclarant les vrais principes pour la reftauration de la monarchie
Françoife , fur fes antiques bafes & fes
antiques loix , fans aucune altération, que
les puiffances appelleront à leur aide, tout
ce qui dans ce vafte empire a confervé
les étincelles de l'honneur & de la fidélité.

C'eft ainfi que l'Angleterre engagera
fes alliés à adopter ces mêmes principes ,
qui s'alliant avec les juftes indemnités
qui leur font dues , ne mettent de frein
qu'à l'aveugle ambition qui voudroit

amener le partage de cet empire.

Mais croiroit-on que c'est une politique née d'une exaltation de magnanimité, que cette volonté de conferver l'intégrité de la France ? je m'en honorerois fans doute, & je crois avoir prouvé que je devrois m'en honorer. Mais Henri VIII, ne paffe pas pour un politique fort timoré, pour un homme exalté par la fenfibilité, & entraîné par l'enthoufiafme de la magnanimité à des idées romanefques. Eh bien ! Henri VIII, guidé par la feule force de la raifon, penfa & agit d'après ces mêmes principes. Trois fiecles fe font écoulés depuis l'époque funefte à la France, où fon Roi prifonnier de l'Empereur, laiffa fon royame à gouverner à une femme défolée, & en proie à tous les maux & à tous les périls.

Ce Roi malheureux mais rempli de magnanimité écrivoit alors : *tout eft perdu fors l'honneur* ; & toutes fes réflexions en effet devoient le lui faire craindre. Alors Henri VIII, ennemi de François 1er, étoit fur les rivages de l'Angleterre ;

allié de l'Empereur, il fe difpofoit à faire
paffer fon armée à Calais ; & cette armée,
il l'avoit raffemblée avec des fraix im-
menfes. La mere de François Ier. gui-
dée par les lumieres d'une faine politique, fe hâte d'envoyer Jean-Joachim
Paffano fon ambaffadeur, à Henri VIII,
prêt à s'embarquer : elle lui apprend fon
malheur, elle lui expofe dans la ruine de
la France & fon partage, l'infuffifance
néceffaire de la portion qui pouvoit lui
écheoir, comparée à l'énorme prépondérance qu'alloit acquérir l'Empereur.
Ces raifons convainquent à l'inftant Henri
VIII & tout fon confeil : auffi-tôt il licen-
cia fon armée, fans réclamer aucune in-
demnité des fraix qu'elle lui avoit coûté ;
auffi-tôt il promit fon appui à la mere de
François Ier., mais après avoir exigé
fa parole, qu'elle n'acquerreroit jamais la
liberté de fon fils, en démembrant la
monarchie Françoife.

Cet exemple eft il affez frappant ? Me
garantira-t-il affez de ces hommes fi médiocres & pourtant fi multipliés, qui ne

(96)

voyent que de l'exaltation dans tout ce qui eft grand & honnête? Jugeront-ils que c'eft auffi être trop égaré par l'honneur, que d'exiger des miniftres de ce fiecle, la magnanimité & la probité d'Henri VIII?

Mais je l'avoue, il eft encore un autre motif, qui exige de l'honneur des Anglois, une explication précife de leurs'intentions & de leur politique.

Ce fut un beau fpectacle en ce fiecle, & c'en fera toujours un pour la poftérité qui fixera fes regards & fon cœur fur cet empire, que la noble & touchante magnanimité de l'Angleterre envers les royaliftes François.

Dans les tems des profpérités de la France, les Anglois avoient trouvé en nous, des rivaux & des ennemis dignes de leur courage; dans nos malheurs, ils n'ont plus envifagé en nous, que des amis & des freres. L'Angleterre eft le feul peuple de l'Europe, qui ait traité les royaliftes François, avec les égards dûs au malheur & le refpect que mérite la pureté de leurs principes. Son Gouvernement a évité

évité à la nation, ce fcandale qu'ont donné
toutes les autres puiffances, excepté l'Ef-
pagne & Venife, de fermer les barrieres
de tous les empires aux défenfeurs des
autels & des trônes, aux victimes de
l'impiété & de la rebellion.

Nous avons vu, en frémiffant d'horreur, ces puiffances fe réunir pour inter-
dire le feu & l'eau aux royaliftes François; nous les avons vu redoubler de
rigueur, à mefure que nous devenions
plus malheureux ; & rivalifer pour ainfi
dire avec les jacobins, qui, détruifant nos
propriétés & profcrivant nos perfonnes,
fembloient, à la conduite que tenoient
à la même époque les puiffances de l'Europe, les avoir affociées à leur haine &
à leurs fureurs.

Frappé de cette inconcevable conduite,
on en découvre bientôt la fource dans la
terreur des principes François & dans la
timidité des Gouvernements, qui n'ayant
qu'une police foible, ont craint d'en établir une plus forte ; & cependant l'Efpa-
gne leur donnoit un tout autre exemple.

La févérité de fa police l'a garantie do tous les dangers.

La fageffe de la Conftitution Angloife a auffi tracé une autre route au minif- tere. Tout a été honorable pour la vertu & le malheur, dans la conduite de cette nation, jufques aux précautions dont elle a cru devoir armer la prérogative du trône. Jamais la magnanimité Angloife n'a eu autant d'éclat que dans cette cir- conftance ; jamais le peuple Anglois ne s'eft montré auffi grand, & j'ofe dire plus fier. (1) Ces grands événcments qui anéan- tiffent les empires, font renaître dans les ames généreufes, tous les fentiments de l'humanité & de la bonté. Ils avertiffent. d'une maniere trop éclatante, de la vicif- fitude des chofes humaines; & de même

_____

(1) Quelle fublime & noble réponfe que celle de ce lord, qui entendant lord Lauderdale pro- pofer à la Chambre des Pairs, d'envoyer les roya- liftes François dans le Canada, parce que difoit- il, ils mourront de faim à Londres; fe leva & lui dit : *je ne favois pas que l'Angleterre fût me- nacée d'une famine.*

que la mort fubite des individus nous
inftruit de l'ufage que nous devons faire
de la vie, de même la ruine fubite des
Empires avertit les peuples généreux, de
s'attacher uniquement aux loix de la vertu
& de la morale.

Il refte à l'Angleterre à ne pas démen-
tir fa magnanime conduite envers les royaliftes infortunés ; au moment de leur procurer une magnanime affiftance, & de les
envoyer peut-être avec fes légions, rétablir leurs autels & leur trône ; peut-elle
leur diffimuler fes véritables fentiments
politiques, fur la reftauration de la monarchie Françoife? Auroit-elle cette cruauté
baffe & fans motif, de leur laiffer igno-
rer, fi c'eft pour le triomphe de leurs
principes qu'on leur ouvre la carriere de
l'honneur & des dangers?

Faudra-t-il donc que des royaliftes
purs, qui ont tout facrifié à leur devoir,
foient forcés, peut-être par la néceffité, de
quitter cette terre hofpitaliere, fans favoir
pour quelle caufe ils arment leurs bras,
& quels font les principes pour lefquels

ils vont chercher la victoire ou la mort.

Ces idées, j'en fuis fûr, frapperont le peuple Anglois, parce que ce peuple eft naturellement auffi fier que magnanime, & que le jour où il fe montrera fans générofité & fans humanité, il fera facile de prévoir fa ruine politique, & de dire en fixant fes rivages, & n'y retrouvant plus que des hommes injuftes, avides, imprévoyants, enivrés de leurs profpérités & corrompus par leurs triomphes : *fuit Illium.*

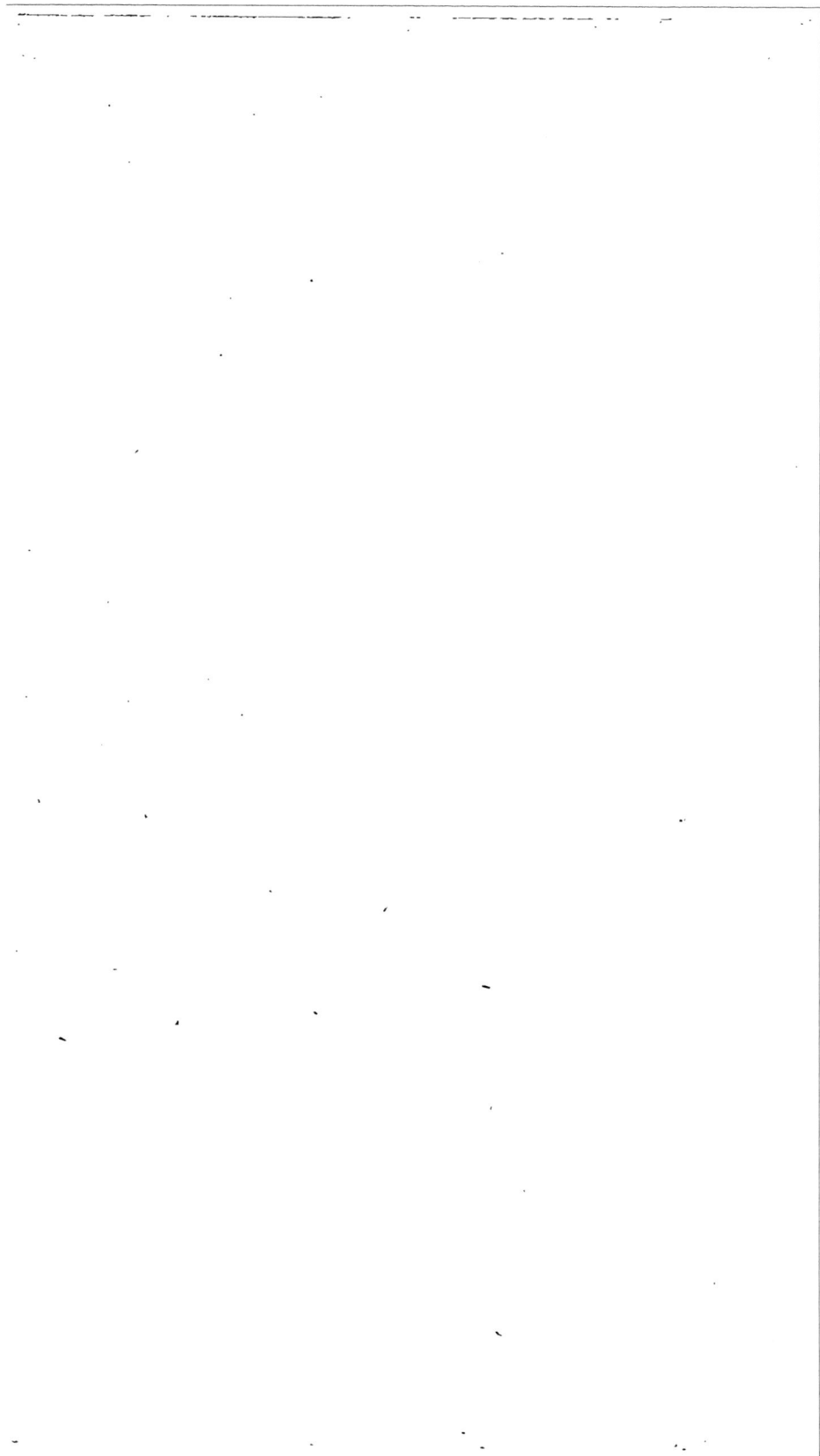

www.ingramcontent.com/pod-product-compliance
Lightning Source LLC
Chambersburg PA
CBHW071811090426
42737CB00012B/2040